高校协同创新
与产学合作协同育人研究

刘　旺◎著

吉林出版集团股份有限公司

图书在版编目（CIP）数据

高校协同创新与产学合作协同育人研究 / 刘旺著
. — 长春：吉林出版集团股份有限公司，2023.5
ISBN 978-7-5731-3197-3

Ⅰ．①高… Ⅱ．①刘… Ⅲ．①高等学校－创新管理－
研究－中国②高等学校－产学合作－研究－中国 Ⅳ．①G64

中国国家版本馆 CIP 数据核字（2023）第 072685 号

高校协同创新与产学合作协同育人研究

GAOXIAO XIETONG CHUANGXIN YU CHANXUE HEZUO XIETONG YUREN YANJIU

著　　者	刘　旺
责任编辑	滕　林
封面设计	林　吉
开　　本	787mm×1092mm　　1/16
字　　数	310 千
印　　张	13
版　　次	2023 年 5 月第 1 版
印　　次	2023 年 5 月第 1 次印刷
出版发行	吉林出版集团股份有限公司
电　　话	总编办：010-63109269
	发行部：010-63109269
印　　刷	廊坊市广阳区九洲印刷厂

ISBN 978-7-5731-3197-3　　　　　　　　　　　　定价：78.00 元

前　言

　　高校协同创新是目前我国高等教育领域的热点话题，本书从高校协同创新切入，聚焦人才培养。协同是运作机制，将师生紧密结合在一起，为高校提供了发展的不竭动力。创新是一种价值取向，是高校发展的路径。协同创新为高校人才培养提供一种视角，为建设高校高水平教育提供一种选择，为当代大学生成人成才提供一种支持模式。

　　本书探讨了高校协同创新的相关理论、运行机制，对产学结合的概念以及技术方面的转移和转化做了分析，阐述了协同育人的现状并提出了构建协同育人机制的建议，最后对高校人才培养的途径进行总结。本书具有一定的学术价值，可供高校教育工作者阅读，也可供相关专业学者和学生阅读参考。

　　本书在编写过程中参考借鉴了一些专家学者的研究成果和资料，在此特向他们表示感谢。由于编写时间仓促，编写水平有限，不足之处在所难免，悬请专家和广大读者提出宝贵意见，予以批评指正，以便改进。

目 录

第一章 协同创新理论演化

从演化视角来看，协同创新的政策实践和理论研究交替前行，共同推进了我国创新管理实践人员和研究人员对协同创新的理解。在我国产学研究协同创新的各阶段，理论研究紧跟政策实践这一特点比较明显，同时科技创新研究学术领域本质上也有紧跟政策实践的一贯特点。本章主要从理论演化视角来系统阐述协同创新相关理论研究的发展。在关注与本研究主题密切相关的文献时，我们发现：创新的动力模型、体系层次和新的复杂创新需求与管理实践非常相似，逐次展现了其理论生长的特性，也从侧面表达了研究者在协同创新领域的理论准备和前瞻思维。

在当前以高校原始创新为着力点的协同创新模式逐渐明晰化的过程中，理论视角下的创新研究其实也已更趋向于展示创新要素间的系统化以及协同协作的方式，按照上述理论发展的逻辑，我们在本章逐一探讨更详尽的研究内容。

第一节 创新：从单要素到多要素

从一个时间截面来看，创新的过程可以被理解创新要素（信息、思想、物质、人员）在创新性目标下的流动、实现过程，一方面表明了创新动力的产生机制，另一方面也说明了创新要素在不同组织方式下的链接和交互行为，即创新要素与创新载体的关系。本节从创新要素的涌现和创新模式的演变综述创新理论的演化。

一、创新要素的准备

创新问题相关研究始于熊彼特（Joseph Alois Schumpeter）在 1912 年所著《经济发展理论》一书，他认为创新是资本主义经济增长的主要源泉，而不是资本和劳动力，这与传统的要素型生产理论（如马克思的剩余价值论）以及与马歇尔的新古典经济学理论有所不同。

（一）内生动力：生产需求

早期创新学者通过观察创新的过程，提出劳动短缺、生产瓶颈 / 压力是创新的来源。创新之父熊彼特分别在其早期和晚期提出了两个创新模型，熊彼特的创新模型首次向人们昭示了技术创新对经济的巨大作用，提出了一个以技术创新为核心概念的经济理论。

希克斯在《工资理论》一书中认为，在过去的几个世纪中，创新主要是节省劳动的创新，创新的方向与生产要素相对价格的变化有关。由要素稀缺导致的创新就是"引致"的创新，另一叫"自发"的创新。希克斯认为，几乎所有的引致创新都是节省劳动的，因为从长时间看，"根本的稀缺必定是劳动的稀缺"。希克斯的这种观点是在线性思维方式下产生的，在科学技术不发达的时候，资源稀缺性问题能够促进人们为了应对资源稀缺，而不断创新，开发新的产品，替代稀缺性要素。希克斯认为劳动的稀缺是根本性的稀缺，在这一前提下所开展的创新活动，是提高劳动生产率、减少劳动力数量的创新，主要体现在工艺创新上。

罗森博格认为，诱导机制是存在的，但不是要素稀缺在诱导，而是出于下列三个机制：技术发展的不平衡、生产环节的不确定性和资金供给的不确定性等。这些机制的共同点是他们生产的瓶颈，是生产进一步发展的障碍。这种障碍形成了一种压力，诱导厂家围绕这些障碍进行创新。当然每一次的创新都不是一劳永逸的，它会变成新的瓶颈，诱导人们进行再创新，如此循环往复。罗森博格的观点与希克斯有相似之处，只不过诱导创新的要素不同，也是在线性思维方式下，受到生产环节的制约，促使企业不断进行创新，以突破瓶颈，提高生产效率。这两种创新模式，都是在生产水平低下的条件下产生的创新模式。在新的以科技（首先是"技术"）为重要生产要素的经济社会发展阶段，这一理论命题必将被超越。

（二）推动创新：新的技术发现

技术推动创新的支持者认为创新是由于技术发展的推动作用产生的，一系列革命性的发现为重大的技术创新提供了动力，掀起了源源不断的技术创新洪流。不仅如此，崭新的创新还可以导致新产业的出现并形成经济发展的新势头。第一次和第二次工业革命中蒸汽和电力的技术突破使得与此相关的创新大量涌现，汽车行业与电讯行业成为经济发展的领头羊。技术史学家巴萨拉（Basalla）指出，"以内燃机为动力的发明创造了对汽车运输的需求，而汽车的发明绝不是由于全世界范围内的马荒或马匹短缺引起的"。克雷普斯（Kreps）也认为，1850 年之后的科学发展，尤其是物理学上的发展，使一项新发明在实现之前就可以大致勾画出其蓝图。

技术推动的创新过程模型是由基础研究、应用研究与开发、生产、销售、市场需求等环节组成。事实上，许多根本性创新确实来源于技术的推动，科学的发展极大地降低了技术创新中的不确定性，从而更加容易提高技术创新的成功率。对技术机会的认识会激发人们的创新努力，特别是新的发现或新的技术常常易于引起人们的注意，并刺激人们为之寻找应用领域。熊彼特创新模型 I 与 II 中的科技发展就是创新的源头。

熊彼特创新模型 I。这一模型的发展模式是：首先，在现有企业和市场限制之外，存在一种与科学发展相关但是需求并不明确的基本发明模式；其次，一些具有冒险精神的企业家意识到某项技术发明具有发展潜力，愿意承受科技成果转化的风险，于是投入资源支撑新技术的商业化；最后，科学技术或者发明的成功将改变现有的市场结构，成功的创新者在短期内可获得超额垄断利润。

熊彼特创新模型Ⅱ。熊彼特创新模型Ⅱ的核心要点包括：第一，技术来自企业内部的创新部门；第二，成功的技术创新使企业获取超额利润，企业因此得以发展，形成暂时的垄断；第三，大量模仿者的加入削弱了垄断者的地位。

各个企业自建研发部门、培养和聘用专业的研发人员、与高校进行技术合作的趋势印证了技术在创新过程中的重要作用，但是对作为创新基础的技术能否构成技术创新的主要动力，需求拉动创新的支持者们提出了不同意见。

（三）拉动创新：市场需求

20世纪60年代中期，通过对大量技术创新的实证研究和分析，人们发现大多数创新特别是渐进性创新，并不是由技术推动引发的，而是由需求拉动的，市场需求才是整个创新过程的起点。需求拉动创新的支持者认为技术创新源自市场需求，即市场需求信息是技术创新活动的出发点。它对产品和技术提出了明确的要求，通过技术创新活动，创造出适合这一需求的适销产品。

施莫克勒（Schmookler）是支持"需求拉动创新"观点的代表人物。施莫克勒通过对1948—1951年美国铁路、石油提炼、农业机械和造纸等四个行业的研究表明，投资与发明之间存在一个时间差，投资变化领先于专利变化，而投资变化是由市场需求变化引起的，因此在技术创新上，需求拉动因素要先于技术推动因素。他在其著作《发明与经济增长》中首次提出了市场增长和市场潜力是决定创新速度与方向的主要因素，认为创新是市场需求引发的结果，市场需求在创新过程中起着关键作用。斋腾优提出N-R关系模式，即需求和资源关系的假说。该理论的假设之一是"需求是发明之母"。他认为，经济主体产生了各种需求，并由之筹措了满足需求所必需的资源。罗伯茨（Roberts）在统计研究中发现，有22%的创新是由技术推动引起的，而由需求拉动因素引起的创新占78%。

学者们发现技术与需求在不同类型的创新中发挥的作用是不同的，技术能引领根本性创新，技术变革可以使新兴产业成为经济发展的风向标，而市场需求在渐进性创新中发挥更大作用，创新者通过小幅度、多层次的渐进性创新来满足用户的不同需求。当然，《技术推动与需求拉动》这一创新理论命题，正如经济学领域的核心命题"是供给创造需求还是需求创造供给"，难以区分，二者在复杂性上异曲同工。

二、创新要素的共同作用

在熊彼特提出创新问题之后，学者们对创新模式的研究不断深入，每一种创新模型的产生都与当时的经济社会发展背景有关。罗斯威尔（Rothwell）在回顾前人研究的基础上，将创新模式的发展划分为五个阶段：技术推动模式、市场拉动模式、耦合模式、整合与并行研发模式、系统整合与网络化模式。第一阶段是技术推动模式，人们认为基础的科学发现能够促进公司的技术进步，进而通过产生新产品达成创新。人们认为，研发投入的越多，成功的新产品就越多。很少有人关注市场在创新过程中的作用。此时的科技政策侧重于（技术）供给方面，例如，政府制定政策以促进高校与政府实验室的科技创新，提供更多高素质的人力资源、为公司研发项目提供金融支持。第二阶段是市场拉动模式，在该阶段整个产品市场竞争加剧，企业通过多元化，争取更大的市场份额赢得利润。虽然新产品不断涌现，但是这些新产品主要基于现有技术。这个阶段的创新模式是市场推动（或需求拉动），市场需求是研发的源泉。这个模式存在一大弊端：企业可能忽视长期的研发项目，被原有技术锁定。这样的企业很难适应快速变化的技术环境。此时的政策制定者更关注需求方面，通过政府采购的方式创造需求，引导企业根据市场需求进行创新。

前两阶段均为线性关系，从研究者的视角来看，线性创新模式由于其形式简单明了、理论浅显易懂、论证直接而被广泛接受。特别是，政策制定者们很容易被线性模式说服，并将其用于制定国家科技政策。线性创新模式的政策含义是非常明确的：在整个技术创新的流程中，政府只需确定哪些属于基础研究并给予资助，余下的流程可以由私人企业来资助并从市场获得回报。然而很多时候，技术创新是一个随机、复杂甚至混乱的过程。跃过直接动力的考察阶段后，学者开始尝试探索机理，将技术与市场的互动纳入模型，创新模式的研究进入第三阶段，即耦合模式。大量实证研究发现，技术推动和需求拉动模式太极端，不具有典型性，实践中的创新模式更多是技术推动与需求拉动的结合形式。

20 世纪 70—80 年代初期，人们提出了技术与市场交换的创新过程模型。莫维利（Mowery）和罗森博格（Rosenberg）强调了技术和市场需求在创新中的共同作用，认为"科学技术作为根本的、发展着的知识基础和市场需求的结构，二者在创新中以一种互动的方式起着重要的作用"。创新活动由需求和技术共同决定，需求决定了创新的报酬，技术决定了成功的可能性及成本。

技术与市场交互的模型是在科技进步与应用性创新不断发展的背景下，从事科技领域研究人员认识到创新不只是一个技术过程，而是科技与经济一体化发展的过程。只有实现科技成果向经济领域的转化，才能体现出创新的价值。在科技创新日益复杂化的情况下，这就要求创新要以市场为导向、以用户需求为目标，构建技术进步和应用创新共同作用的"双螺旋结构"，在创新"双螺旋结构"下通过技术与需求的互动实现创新涌现。

在耦合模型中，技术和市场是既独立又统一的两个方向：技术进步能够为用户的应用创新提供新的技术，而用户应用创新为技术进步指明了方向，二者相互促进共同推动经济社会的发展。在创新过程中，技术创新和应用创新是并存的，多个创新参与主体、多种类型的创新要素之间存在互动和协同，促进了以技术推动为主的技术进步和以用户需求为主的应用创新之间形成了良性互动的创新生态系统，共同促进创新的发展。

克莱恩（Kline）指出科学发展并非技术创新的必要前提，相反，在很大程度上它受到创新活动的制约，在此基础上，他提出了链环模型。链环模型揭示了与创新活动有关的五条不同路径，这些路径连接着创新活动的要素，如研究、发明、生产等活动。这五条路径分别是：①创新链（chainof innovation），在图中由字母 c 代表。这是从市场调研开始，到产品解析设计，到详细设计，再到生产产品，最后到产品销售的一个链条；②反馈环路（feedback links），在图中用字母 f 与 F 代表，分别用以链接创新过程的前期与后期；③创新链与研究活动的联系（connections to research），在图中分别用数字 1，2，3 代表，这个联系是通过研究活动或创新链产生的知识传递的；④发明与设计活动和研究活动的直接联系，在图中由字母 D 代表，这是因为发明往往是研究与开发之间的纽带；⑤产品与研究之间的直接联系，在图中分别由字母 I 和 S 代表，市场需求（以及国防上的需求）常常带来科学研究的课题，而且是长期的课题。

1996 年由 OECD 出版的、具有广泛影响的《知识经济》（The Knowledge-Based Economy）报告专门介绍了链环模型。该报告认为，根据链环模型，创新的思维有多种来源（包括产业制造能力和市场信息等），创新的表现有多种形态（新产品、新设计等），创新活动涉及不同的参与者（企业、国家实验室、大学、市场用户等）。因此，研究创新活动不同参与者之间的互动关系，研究在怎样的制度设计下，如何促进创新活动者之间良性互动、互利互惠是非常重要的。

罗斯威尔认为创新模式研究的第四阶段是整合并行研发模式，这一阶段的日本在国际市场上的表现格外抢眼。日本独特的新产品研发系统使得日本企业能够更快更有效地创新。日本企业创新的两大特征是整合与并行开发。一方面，企业在让顾客介入产品研发的早期阶段，实行面向制造的设计；另一方面，企业将不同部门的活动整合在一起，使创新的各个活动重叠进行。虽然完全的并行设计不太可能实现，但频繁的信息交流、一定程度的创新活动的重叠仍非常有必要。

第五阶段是系统整合与网络化阶段。这一阶段创新模式的特征是：系统整合、灵活性、网络化以及并行（实时）的信息处理。产业创新系统、区域创新系统、国家创新系统都是这一模式的典型代表，本章第二节会详细讨论这些创新系统。

在罗斯威尔划分的五阶段中，前两个阶段是典型的单向线性创新模式，第三阶段的耦合模式仍有线性模式的影子，但已有所进步，增加了反馈环节，更加真实地反映了实际的创新过程。随着创新过程和创新对象的复杂性大大增加，第四和第五阶段的创新模型抛弃线性模型的既定思维，从线性、离散模式转变为集成、网络化复杂模型。现代信息技术和先进管理技术的发展为第四、第五阶段创新模型的应用提供了有力支撑。创新的过程伴随着创新组织形式的不断演化，呈现出由线性模式到非线性模式、由单一主体的创新到网络化的集群创新的演化过程。

进入 20 世纪后期，随着科学技术的不断发展，技术的复杂性和多样化导致创新过程的不确定性更加突出。对一些复杂项目而言，传统的线性创新模式与耦合创新模式存在一定局限性，随着科学技术进步和市场需求的多样性，创新不再只是一个从研发到新产品的线性过程，而正在被看作一个匹配技术可能到市场机会的非线性过程，这包括了多个创新参与者之间的多重互动和学习类型，呈现的是一条非线性创新模式。[13] 创新模式也不断发展，由线性创新模式发展到耦合模式、三螺旋模型、国家创新系统、区域创新系统与复杂创新系统。

三、创新要素之高校角色演变

在传统上科学研究被分为基础研究、应用研究和开发研究三类。1945 年，万尼瓦尔·布什的科技政策报告《科学——没有止境的前沿》出台以后，在美国事实上形成了这种一维线性的科技创新模式，随着科技发展的不断变化，这种模式逐渐受到批判，并在实践中不断受到挑战。从科技体制上看，政产学研对科学研究都有支持，都对科学研究提出了要求，科学研究的规模、周期、投入、风险的变化使得风险投资的推动作用日益明显。研究与应用之间联系越发密切，每一个科学领域的进步都或多或少地源于实际应用考虑。从国家发展来看，建立在别国基础科学研究之上的技术创新同样可以实现社会的快速发展。例如，19 世纪美国机器大工业的发展对于欧洲基础科学的依赖，以及日本在"二战"后对于欧美基础科学的应用都是典型。此后，美国普林斯顿大学教授斯托克斯（Stokes）根据科学研究是否"追求基本认知"和是否有"应用考量"，在布什线性模型的基础上把科学研究划分为四类，创立了巴斯德象限，更好地解释了科学研究与实践应用之间的关系。

斯托克斯把纯"受好奇心驱使的研究"、追求科学基本认知定义为纯基础研究，亦称玻尔象限；把纯应用型的、不追求对科学有全面深刻认识的研究定义为纯应用研究，亦称爱迪生象限；把既不追求基础认知、又不追求应用的研究，称为技能训练或经验整理，亦称皮特森象限，此象限往往成为纯基础研究或者纯应用研究的先导；把"应用激发的基础研究"或"以应用为导向的基础研究"称为巴斯德象限。

世界工业革命之后，基础科学和技术创新领域出现了美国、德国赶超英国和法国、日本追赶美国、中国和印度追赶西方国家三个较为明显的阶段。随着"冷战"的结束，各国科学发展逐渐摆脱国防安全的高、精、尖要求，从而转向促进经济发展、保障人民利益等国际民生领域。随着人类社会的进步，人们对于自身生活品质的追求，使得经济社会对通过技术开发而生产更为优质产品的要求日益提高，在这种背景之下，一味重视纯基础研究带来的不确定性、长期性的弊端日益显现，而随着人类开发自然的能力急速提升，人类面临的问题也越来越复杂。人类社会更加注重自身的体验和感受，把更多的精力放在解决各种社会的、经济的、健康的问题之上，科学研究和技术创新更加关注社会发展的实际需求。在当前时期，大学所进行的巴斯德象限研究正好迎合了这一社会历史趋势而受到重视。

目前，在全球面临各种挑战的背景下，创新成为解决问题的良药。世界各国皆意识到创新经济对社会巨大的影响力，大学进行的巴斯德象限研究成为应对知识经济时代挑战的有力武器。巴斯德象限理论的提出对于大学发展的根本意义在于扭转"闭门造车"为"经世致用"。19世纪，柏林大学的建立标志着研究型大学成立，大学从单纯保存知识和传授知识开始向教学与科研转型，学术研究开始成为大学普遍的新功能，被视为一次大学革命；那么当下，以斯坦福大学、哈佛大学和麻省理工学院为代表的研究型大学纷纷开始向创业型大学转型，可以视作新时期的又一次学术革命。学者埃茨科威兹认为，从历史的角度来看，迎合经济社会需要崛起的创业型大学是延续中世纪保存和传播知识的大学在新时期的全新转型，是研究型大学在新时期对社会需求做出的回应。在研究型大学纷纷转向创业型大学的浪潮中，以应用为导向的基础研究（巴斯德象限）更加成为当前世界各国大学科技创新创业的主要方向。

第二节　系统：从技术层到体系层

从创新的动力模型发展来看，系统的作用最终进入了创新者的视野，在对系统作用进行分层次和分结构的研究之后，研究者又发现与国家创新趋势及政策更为匹配适用的方面，这一点可以从创新系统理论的更迭来逐一审视。20世纪70年代后期，吉尔通过技术系统的概念强调了创新的系统本质，这是从系统角度对创新问题展开研究的起点。随后纳尔逊、温特和多西等人的研究证明了某一项创新活动与其他技术创新之间不是独立的，创新与环境之间存在密切关系，需要在一个不断演进的动态环境和技术结构不断发展的基础上研究创新问题。从系统观看待创新模式的标志是国家创新系统理论的出现，之后，学术界又陆续发展出区域创新系统、产业创新系统等不同视角的创新系统方法。

一、创新体系的协同：国家创新系统

国家创新系统理论的主要代表人物有弗里曼（Freeman）、伦德瓦尔（Lundavall）、纳尔逊（Nelson）等。国家创新系统将地理和行政边界作为创新系统的边界，关注国家经济和政策对技术创新和扩散过程的影响，同时还研究了同一国家环境内，文化、语言的接近对学习、互动和创新的推动作用。弗里曼在对日本创新系统研究的基础上，首先将国家创新系统界定为"公共和私人部门中的机构网络，（通过）其活动和相互作用，激发、引入、改变和扩散着新技术"。在国家创新系统框架中，创新不是一个独立的过程，而是一个需要多种创新主体交互作用的系统性工程，是政府、企业、大学研究机构和中介机构等主体为寻求一系列共同的社会经济目标而建立起来的，将创新作为国家变革和发展的关键动力系统，将创新主体的激励机制与外部环境条件有机地结合起来，并相继发展了区域创新、产业集群创新等概念和理论。创新系统成为创新研究中的一个比较有影响力的范式，成为各国政府制定科技政策的依据。概括起来，国家创新系统理论的主要观点如下：

1. 技术创新既不是企业家的功劳，也不是企业的孤立行为，而是由国家创新系统推动的。

2. 弗里曼把国家创新系统定义为"公共和私人部门中的机构网络，通过其活动和相互作用激发、引入、改变和扩散各种新技术"，纳尔逊把国家创新系统定义为"其相互作用决定着一国企业的新实绩的一整套制度"。

3. 国家创新系统是参与和影响创新资源的配置及其利用效率的行为主体、关系网络和运行机制的综合体系，在这个系统中，企业和其他组织等创新主体，通过国家制度的安排及其相互作用，推动知识的创新、引进、扩散和应用，使整个国家的技术创新取得更好绩效。

4. 国家创新系统是政府、企业、大学研究机构、中介机构等为寻求一系列共同的社会经济目标而建立起来的，将创新作为国家变革和发展的关键动力系统。

5. 现代国家的创新系统在制度上相当复杂，既包括各种制度因素和技术行为因素，也包括致力于公共技术知识研究的大学和科研机构，以及政府部门中负责投资和规划等机构。

6. 科学和技术的发展过程中充满不确定性，因此国家创新系统中的制度安排应当具有弹性，发展战略应该具有适应性和灵活性。

二、创新要素的协同：区域创新系统

随着全球一体化和国际边界的消失，经济意义上"国家状态"日益让位于"区域状态"，区域成为真正意义上的经济利益体，而跨国企业关键性的商业也集中于区域范围内。于是，在批判继承国家创新系统理论的基础上，学者们增加了对区域创新系统的关注，认为区域创新系统是由地理上相互分工与关联的生产企业、研究机构和高等教育机构等构成的区域性组织系统，这种系统支持并产生创新。区域创新系统的提出，不仅同样关注了文化和制度在创新过程中的作用，更具体研究了不同的参与者在创新过程中的关系，尤其是供应商和用户之间的互动以及企业和研究机构的合作。

区域创新系统（Regional Innovation System，简称 RIS）的概念最早是由英国学者库克（Cooke）于 1992 年提出的，他认为区域创新系统主要是由在地理上相互分工与关联的生产企业、研究机构和高等教育机构等构成的区域性组织体系，且这种体系支持并产生创新。[20] 此后，许多学者纷纷对此进行了研究。库克经过大量研究后又对其原定义做了进一步的说明，认为区域创新系统是指在一定的地理范围内，经常地、密切地与区域企业创新投入相互作用的创新网络和制度的行政性支撑安排。[21] 由于研究区域创新系统的国外学者具有不同的学术背景，研究的视角也不一致，目前关于区域创新系统的定义和内涵还未获得一致的认同。不过，他们认为基本内涵应包括以下几方面：①具有一定的地域空间；②以生产企业、研发机构、高等院校、地方政府机构和服务机构为创新主体；③不同创新主体之间通过互动，构成创新系统的组织和空间结构，从而形成一个社会系统；④强调制度因素以及治理安排的作用。

学者们基于制度学、演化论等理论从区域创新系统的构成、功能以及主体互动等视角对区域创新系统的组织和空间结构进行了归纳和探讨。阿斯姆（Asheim）和艾萨肯（Isaksen）认为，区域创新系统包括技术 - 经济结构（生产结构）和政治 - 制度结构（制度基础）。具体而言，区域创新系统包括两种类型的主体和它们之间的互动。第一类是区域的主要产业集群，它包括支撑产业的企业；第二类是制度性基础设施，它包括研究机构、高等教育机构、技术转移机构、职业培训机构、企业协会和金融机构等，它们对区域创新产生很重要的支撑作用。加利（Galli）和涂伯尔（Teubal）则认为，一个完整的区域创新系统包括功能、构成部分和联系。功能又可分为硬功能和软功能：硬功能，如提供科学和技术服务；软功能，如知识传播、政策制定以及制度设计和实施等。奥提欧（Autio）从功能性角度对区域创新系统进行了分析，认为功能性区域创新系统内都存在两个关键的子系统：一是知识运用和开发子系统，客户和供应商围绕生产企业组成纵向网络，合作者和竞争者则构成生产企业的横向网络，知识在这个以生产企业为中心纵横交错的网络系统中得到运用和融合；二是知识产生和扩散子系统，知识主要在公共组织，如研究机构和教育机构中产生，其通过技术转移机构、劳动中介机构以及支持创新的其他区域机构得到扩散和传播。这两个子系统之间通过知识、资源和人力资本等要素流动来相互作用。当然，区域创新系统并不是封闭的，它与国家创新系统政策和机构，以及国际政策和机构等外部环境也会相互联系和相互作用。考黑曼（Kuhimann）在对欧洲部分地区的区域创新政策进行评价时，根据制度学和演化论等理论也提出了一个区域创新系统的模型。在模型中，区域创新系统由区域政治系统、区域教育和研究系统、区域产业系统以及区域创新环境（包括区域制度环境、区域基础设施和需求）构成，这四个部分彼此联系、相互作用，并在互动的过程中不断学习和发展，从而推动整个创新系统的不断演进和发展。

妥得塘（Tödtung）和考夫曼（Kaufmann）从欧盟DGX Ⅱ号社会经济研究项目"区域创新系统：设计未来"中的11个调查区中选择6个，再依据创新网络类型、重要性及企业的区域根植性程度，对区域创新系统进行比较分析后，得出区域创新系统有三种类型，即企业基础型创新系统、科学基础型创新系统和政策基础型创新系统。在企业基础型创新系统中，企业与顾客和供应商之间的合作关系最重要，而与大学、研究机构等的关系则次之；在科学基础型创新系统中，企业除与顾客、供应商和咨询顾问保持重要的联系之外，与大学和研究机构的合作关系也相当重要；在政策基础型创新系统中，企业除与顾客、供应商和咨询顾问的合作之外，更多的是与技术转移机构、培训机构、创新支持机构或地区研究组织等保持着重要的合作关系。

三、产业技术的协同：产业创新系统

一些学者认为创新系统的边界并不受到固定的地理边界限制，认为国家创新系统和区域创新系统有局限性，建议使用产业创新系统。产业创新系统是指开发、生产和销售特定部门产品的参与者之间市场或非市场联系所构成的网络。马莱尔巴（Malerba）认为，产业创新系统的优点在于其能够更好地理解产业部门的边界，参与者和他们的相互作用，学习、创新和生产过程，产业的变动以及企业、国家在不同产业中的表现。与国家创新系统和区域创新系统不同，产业创新系统认为企业和组织之间的联系是以技术创新为核心，源自技术的相互依赖，因此技术发展的动态协调和产业内技术流动就愈显重要。

从学术发展的角度看，产业创新系统的研究是一个新兴领域，其起源最早可追溯到20世纪80年代初期形成的网络合作化技术创新理论和20世纪80年代末期形成的国家创新系统理论。其次，波特在其创新模型（钻石模型）中，把产业基础纳入创新系统，贯穿了深刻的产业创新系统思想。罗斯威尔提出的以并行工程为基础的综合创新模型是产业创新系统思想的又一种体现。卡尔森（Carlsson）的技术系统理论为产业创新系统的建立和完善奠定了良好的基础。目前国际上较有影响的产业创新论著当属澳大利亚大学道奇森（Dodgson）教授和英国苏塞克斯大学罗斯威尔教授合编的《产业创新手册》（The Handbook of Industrial Innovation）。[32] 他们认为，产业创新系统的贡献在于其关注了不同的技术和产业创新过程的特征，并且他们认为，必须更好地理解科学和技术的关系以及技术的本质才能更好地理解创新过程。同时，他们在产业创新系统中还提出尽管不同产业存在不同的竞争、互动和组织状态，但其地理边界的延伸仍是动态的，既可能在某一个区域内，也有可能跨越多个国界。

产业创新系统是创新系统的一个非常重要的层次。根据系统经济学理论和创新系统的特点，创新系统分为企业创新系统、产业创新系统、区域创新系统与国家创新系统四个层次。产业创新系统与其他创新系统既有区别又有联系。一方面，产业创新系统是国家创新系统和区域创新系统的重要组成部分。国家创新系统主要包括知识创新系统、区域创新系统、产业创新系统。区域创新系统包括区域知识创新系统和区域产业创新系统。产业创新系统包括技术创新系统、产品创新系统、企业创新系统。由此可见，无论是国家创新系统还是区域创新系统，都必须考虑产业创新，它是各个层次创新系统的关键。另一方面，产业创新系统是企业创新系统和国家创新系统的桥梁。企业创新系统是从微观经济角度提出的理论概念，国家创新系统是从宏观经济角度提出的理论概念，而产业创新系统是从中观经济角度提出的理论概念，虽然在很多方面存在区别，但它们实际上是一个体系，一个从低层到高层的创新体系。

四、主体网络的协同：复杂系统科学

在网络经济时代，企业、大学、科研机构与政府日益演化为一个复杂的创新网络。简单的线性分析方法无法透彻地、全面地理解创新，需要从系统、协同的角度来理解、把握和深刻认识，根据创新的系统方法和协同方法对创新做出新的解释。创新的复杂性决定了创新是一个系统，是一个没有任何单个创新主体能够独立完成所有创新活动的系统，这就使多学科、多主体、多层次的协同方式变得十分有意义：一是科技的飞速发展使得技术愈加复杂、需要多学科知识与技术的协同；二是创新网络中各个主体分别有自己的创新动机与利益诉求、需要各个主体间实现协同，以达到创新目的；三是创新系统本身具有多层次性，包括微观的企业创新系统、中观的产业创新系统、宏观的国家创新系统与区域创新系统，不同层次的创新系统会相互影响、相互作用，实现单一系统不能达到的创新效果。以上复杂的、非线性的、迭代的关系需要人们用系统的、协同的观点重新审视创新过程，深入剖析创新过程从无序到有序的内在规律和演进机制。

复杂系统科学发展分成两个阶段：第一阶段是在 20 世纪前半叶发展形成的"老三论"（系统论、信息论和控制论）；第二阶段是在 20 世纪后半叶发展形成的"新三论"（耗散结构论、协同学和突变论）。复杂系统理论的日益丰富，为研究复杂创新系统的内在规律提供了普遍性的理论手段和方法论。学者们已将系统论、耗散结构论和协同学作为理论基础，作为剖析复杂创新过程的运行机理。

国外学者已用复杂理论证明了创新主体间的交互关系对创新成功与否起决定作用。瑞克罗夫（Rycroft）和卡升（Kash）出版了《复杂性的挑战：21 世纪的技术创新》，他们从技术、生产和组织三个方面分析了技术创新向复杂性的转变，认为在复杂环境中复杂技术创新的成功依赖于对组织网络的适应。富林肯（Frenken）发表了关于创新网络方面的研究成果，认为创新的成功依赖于生产者、用户和政府在网络中合作的能力。弗莱明（Fleming）和索伦森（Sorenson）通过专利数据的实证研究得出结论：个体间的相互依赖程度对技术发明的成功起决定作用。

国外学者使用复杂系统理论中成熟的耗散结构理论和协同学理论来分析创新系统及其创新过程，亦得出许多有启发性的结论。切斯布鲁夫（Chesbrough）通过对开放式创新的研究，发现开放是提高创新绩效的重要前提和途径。克里斯坦森（Christensen）等人对渐进性创新和突破性创新进行了分类研究，揭示了创新过程中的涨落规律。[38]埃兹科维茨对三重螺旋理论研究揭示了产学研系统非线性相互作用规律。

国内学者将复杂系统理论引入创新研究，研究了大到产学研合作、创新集群，小到科研团队的创新过程、知识创新和转移机制。例如，叶伟巍等人借鉴复杂系统理论中经典的"B-Z"反应模型探索了产学研协同创新的动态演进机制，发现企业吸收能力是我国创新系统主导产学研协同创新的主导因素。董微微将创新集群视为一种高级的创新组织方式，指出创新集群的形成是在创新主体有向选择机理支配下各种机理协同作用的结果，复杂网络视角下创新集群的演化过程受到正负反馈机制的作用，能够出现复杂整体涌现。吴杨将科研团队作为研究对象，研究了团队内知识创新系统的 5 个子系统，论证了此创新系统的复杂性，又通过分析协同机制与 5 个子系统的关系建立了协同机制在知识创新系统中的作用机理模型。

第三节　协同：从他组织到自组织

近年来，在走出一条有中国特色主义的工业化路径和技术发展路径的过程中，产业与高校的互动愈加频繁，高校的角色和作用愈显突出，我国高校面临着人才培养和基础研究的双重创新重任，既需要按照学科前沿的指向为人才培养提供最前沿的知识传授功能，培养具有创新能力的工程科技人员，又需要在实验室中开展和国计民生息息相关的应用基础研究探索。在这一过程中，高校创新活动从最初的研究人员项目合作到高校和企业科研团队间建立长期互动关系，发展为高校与产业建立产学战略联盟，乃至最近的协同创新体系搭建，对高校的功能拓展和管理提出了新命题。象牙塔不是庇荫之地，高校传统角色的出离和面向创新的重构势不可当。与早期高校创新的角色定位和作用发挥完全不同的是：协同创新展现了高校创新的组织智慧和勇敢突破。

一、三螺旋理论的启示

创新活动是一种社会化活动，需要以组织的形式进行，直接进行创新活动的组织机构包括具有新产品研究与开发能力的生产企业、具有创新人才培养能力的高等院校和具有创新技术研究与开发能力的独立研究与开发机构，这些创新活动机构通过创新人才、技术、产品的交流而形成较为紧密的创新协作，而这种创新活动的社会分工与协作同样具有时间与空间属性。传统大学 - 政府 - 产业间的合作要么是各管各事，要么是职能混淆，乱象丛生，出现了各参与主体之间过强或过弱的关系形态表征，导致创新绩效低下，并且带来若干遗留问题，比如产权纠纷的问题。此外，创新并非必须在技术方面，创新的行动就是资源重新整合创造财富的能力[43]，而创新的整合必然是在社会各主体之间重新优化组合创新的力量，以使其发挥最大的效用。鉴于这种管产学合作的功能障碍以及创新的内在要求，部分学者提出了创建政产学结合的和谐发展的创新系统运作模式。

亨利·埃兹科维茨首次提出三螺旋理论，其与勒特·雷德斯道夫一起于1995年编写了《大学和全球知识经济：大学 - 产业 - 政府关系的三螺旋》一书，并发表了《三螺旋 - 大学、产业、政府关系：以知识为基础的经济发展的实验室》一文，标志着三螺旋理论的诞生。三螺旋理论侧重于从社会学的视角研究创新活动的组织与实现问题，认为大学、产业和政府作为社会活动的参与者，不仅是创新的要素，而且是创新活动的主体。在埃兹科维茨和雷德斯道夫看来，现代大学的地位与作用已经发生了根本性的变化，大学已由社会的次要机构上升为社会主要机构，它不仅是知识生产与转化的关键，还是知识空间、集聚空间和创新空间得以形成的关键。

三螺旋理论试图揭示和准确描述在创新系统中正在出现的制度力量的新结构，也就是说，新的这个三螺旋理论（相对于传统线性）抓住了在知识资本化过程不同阶段制度安排中的多元互惠关系。根据大学、产业与国家三者之间的作用关系，埃兹科维茨提出了"国家干预模式"（etatistic model）、"自由放任模式"（laissez-faire model）和"重叠模式"（over-lapping model）三种三螺旋理论的表现形式。第一种模式下政府干预过多，控制大学和产业之间的联系，限制了市场机制作用空间，导致创新受到阻碍；第二种模式下大学、产业与政府之间的联系是随机的、偶然的，缺乏对创新活动的有机组织，难以促进创新活动的有效开展；第三种模式下很多国家和区域现在试图以各种方式获得三螺旋模型，通过三者交互作用，来实现创新资源的协同组织。

从大学本身来说，三螺旋理论有力地刺激了"象牙塔"的办学理念，使得大学行为逐步转移到创新创业方面，从而消除知识商品化过程中的各种障碍性因素，而知识的商品化不但改变了大学教授对他们研究成果的认识，同时也改变了大学与企业和政府的关系，正是由于这些关系的变化，知识及其在创新活动中的作用才得以体现。

埃兹科维茨和雷德斯道夫认为，由于社会经济结构处于动态发展过程中，而创新过程也是不断变化的，大学、产业与政府之间复杂的互动过程必须通过三螺旋模型来剖析，国家创新系统理论无法剖析其内在机制。[46] 三螺旋相关研究逐步向定量化方向发展。以往官产学关系三重螺旋模型的研究多是理论探讨、对策研究或案例分析，缺乏正式的计量分析和检验。从方法论角度看，三重螺旋在案例分析水平上进行的典型研究、比较研究是补充性的，缺少强有力的经验基础来支持大学的企业作用以及知识基础的促进作用。特别是出现了用于测量官产学关系的三重螺旋算法，较好地衡量了三重螺旋之间交互的质量和密度，这种算法还适用于技术、区域和组织关系的三重螺旋等模型的研究。在官产学关系模型中，大学的角色之一就是提供知识；而在技术、区域和组织关系中，技术仅仅是知识的外在表现。从测量信度讲，技术、区域和组织三重螺旋模型比官产学关系三重螺旋模型信度更强一些。虽然大学更能直接体现知识基础的本质，但在实际应用中，体现大学知识基础的指标常用 SCI 论文数或者专利数表示，相比之下，中高低技术的分类对知识基础的体现会更好一些。

三螺旋理论的产生，也是建立在学者对创新系统不断变化的"再发现"基础之上的。政府在建立系统、有效、能动的相互依赖关系的期望之下，不直接参与专门技术或项目，它对学术界和产业界的作用正在向两个截然相反的方向发生变化。在对学术界方面，政府更关心知识资本化的能力及渴望知识在生产领域中得到最大限度的应用，这促使政府日益关心如何使学术界更接近生产的问题。因此，政府在刺激和鼓励学术机构履行文化传播、教育与研究等传统功能外，还要对"创造财富"做出更直接的贡献。而学术界随着自身规模体系的不断扩大，其寻求政府资金支持的竞争日益激烈。面对日益增加研究基金的压力，学术界越来越清醒地认识到需要与产业界和政府联系起来，用自己的知识和生产新知识的能力来换取收益。

现代大学在三螺旋理论的源头上就成为其必然要素之一，随着大学逐渐成为社会创造发明的关键点，例如在像中国这样大学产生的创新成果占总数一半以上的国家，大学的地位日益凸显。那么，三重螺旋的对象是否仅仅是大学、产业和政府呢？史多坡（Storper）利用递归的重叠维恩图解提出"三位一体"理论，认为技术、组织和地域相互缠绕、部分重叠，由此产生一个新世界，这个世界以关系密度出现，而且当关系密度在区域内被彻底物化时，就能发展成竞争优势。[49] 在"三位一体"理论基础上，雷德斯道夫和弗里奇（Fritsch）把地理、技术和组织作为三个相互独立的变异（variance）来源，认为这三个变异来源的交叠减少了不确定性，能够解释知识基础的配置，因此，他们把地理、技术和组织的关系作为三重螺旋模型研究知识基础问题。两个三重螺旋构成的要素尽管不同，但都是研究共生协同作用，体现知识的流动和配置，而且在对知识基础的解释上可以互补。地理、技术和组织关系的三重螺旋侧重通过技术来分析知识基础，官产学关系的三重螺旋则侧重通过创新来分析知识基础。

二、高校：协同创新关键擎钮

当前，高校协同创新日益成为提升国家创新能力的重要手段和战略选择，是全面提升高等教育质量的重要着力点。高等学校特别是研究型大学，既是高层次创新人才培养的重要基地，又是基础研究和高技术领域创新成果的重要源泉，是国家创新战略体系的重要组成部分，是我国实施自主创新战略的一支重要力量。长期以来，在国家"科教兴国"战略的引导下，高校利用自身学科和人才优势，研究了一大批先进的科学技术成果，并通过建立大学科技园、开展产学研合作等方式进行成果转化，创办了一批很有发展前景的战略性新兴产业和企业，在促进国家产业结构升级换代、推动国家经济社会发展和转型等方面做出了突出贡献。

关于协同创新（collaborative innovation），有一种定义是美国麻省理工学院斯隆中心（MIT Sloan's Center for Collective Intelligence）的研究员彼得·葛洛（Peter Gloor）最早给出的，即"由自我激励的人员所组成的网络小组形成集体愿景，借助网络交流思路、信息及工作情况，合作实现共同的目标"。其中，有关于"合作"（cooperation）与"协同"（collaboration）的本质区别，国外学者认为："合作双方是以自身利益为基础开展活动，而协同要尽可能顾及对方的利益，就像对自己利益的考虑一样。"显然，与"合作"相比，"协同"更加强调基于实现共同目标而风险共担、利益共享。当协同创新放大到宏观层面，主要表现形式是产学研协同创新。有学者提出，"产学研协同创新是指企业、大学、科研院所（研究机构）三个基本主体投入各自的优势资源和能力，在政府、科技服务中介机构、金融机构等相关主体的协同支持下，共同进行技术开发的协同创新活动"。国外学者认为"协同创新是通过思想、知识、专门技术和机会的共享创造跨越组织边界的创新，是保持个体组织（企业）的持续创新，增补其创新力量的一种手段，能够使企业弥合已有创新水平和所需创新水平之间的差距"。在我国，当协同创新放大到宏观层面，主要的运作形式即是产学研协同创新。关于协同创新的内涵本质，国内研究主要从产学研用相结合的视角予以理解。在中国，协同创新是大学 - 企业 - 政府的协同，那么协同创新中心的机制构建应充分发挥大学、市场、政府三大力量的共同作用，通过系统化设计、制度化安排、持续化推进，构建政府引导建设、大学主体运营、企业广泛参与的格局，为创新创业各要素的整合、集聚与流动创造相应的机制体制。在协同创新中心的组建运行过程中，坚守人才第一资源、科技第一生产力的理念，抓住人才、科技等核心要素，围绕汇聚优秀的人才、为产出最高质量的成果配置资源与服务，促进教育、科技与经济的紧密结合。

从国内外实践看，协同创新多为组织内部形成的知识（思想、专业技能、技术）分享机制，特点是参与者拥有共同目标、内在动力、直接沟通，依靠现代信息技术构建资源平台，进行多方位交流、多样化协作。协同各方是一种相互合作的关系，其共同目标是实现共赢，各主体之间是一种互补性联盟。协同创新是以知识增值为核心，企业、政府、知识生产机构（大学和研究机构）、中介机构和用户等为了实现重大科技创新而开展的大跨度整合的创新组织模式。从国内外实践来看，高校协同创新分为内部协同创新和外部协同创新。内部协同创新指的是高校内部形成的知识（思想、专业技能、技术）分享机制，表现在高等院校内部学科之间、专业之间的沟通和资源共享，内部协同创新的实现依赖于组织内在要素之间的互动；外部协同创新即产学研合作，指企业、科研院所和高等学校之间的合作，通常指以企业为技术需求方，与以科研院所或高等学校为技术供给方之间的合作。

高校内部协同创新包括三个层面上的协同，即价值需求协同、知识协同以及组织方式协同。在价值需求协同阶段，不同学科只是初步意识到合作、借鉴的重要性和可能性。而在知识协同阶段，则是不同学科的较为成熟的理论和方法进行实际转化和提升的过程。到了组织协同过程，高校内已建立起了学科间交流合作平台以及交叉学科研究体制。

跨学科研究协同创新是高校内部协同创新的主要形式。它是指把来自两个以上的学科或专业知识团体的理论、技能、方法等进行融合，以扩展知识领域，或解决那些用单一学科或研究领域无法解决的复杂问题。跨学科研究协同创新的具体实现有以下三种形式。①组建跨学科团队。其特点是拥有来自不同院系的教师，承担着不同的学术使命，各学科在思想和方法上相互融合。②创建跨学科研究新项目。面向国家战略需求和重大科学前沿领域寻找交叉点，部署和建设大规模科学工程，以高校的优势学科或事关重大的学科为试点，或优先发展其科学基础前沿的相关学科等。③建立跨学科研究中心、跨学科研究院等。具体形式可根据跨学科研究任务的内容、时限等灵活选择，以此促进来自不同领域的学者之间的交流。跨学科研究是以高校为主导的协同创新前提之一，目前许多世界一流大学已把跨学科交融作为一种大学理念，渗透到大学各项活动当中，为协同创新奠定良好基础。

与内部协同创新类似，高校外部协同创新可以分为战略协同、知识协同和组织协同。[54] 战略协同指的是企业和大学以及科研机构在价值取向上能协同，对于相互之间的合作有着共同的愿望，并且在项目实际实施上对于风险和利益能够达成共识。知识协同指的是企业和大学及科研机构所拥有的隐性和显性知识相互渗透、转换和提升的过程，也是双方的知识信息相互沟通产生创新性知识的阶段。组织协同指的是承载协同创新的新型组织模式，如科学园、孵化器、合作研究中心等。[55] 不同于传统的、非正式的、个人的产学研合作方式，协同创新的组织模式能够为大型的、跨学科的、探索性的项目服务。

高校不仅要自身内部合作，而且还要与科研院所、企业等外部合作，瞄准国家急需的战略性研究、科学技术尖端领域的前瞻性研究、涉及国计民生重大问题的公益性研究等领域的协同创新需求，启动从资源共享、项目深度合作，到建立协同创新战略联盟，或联合建立引导行业核心技术与关键技术研发的研究院。在高校主导的外部协同创新中，高校既是科技成果的创造者，又是科技成果转化给产业、转化为商品并实现产业化的创新者；既是研发主体，也参与产销。具体表现在：以高校为主体，以科技活动及其成果为主导，参与从基础研究到应用研究、开发研究、技术成果产品化、科技成果商品化，从产品设计到中试、投产，直到形成产业并占有市场的全过程。高校主导的外部协同创新典型实现形式有大学创办经济实体、共建大学科技园、联合培养人才等。

鉴于高校在协同创新中的重要地位与作用，高校已经成为国家创新体系的重要力量。"十二五"期间，高校科技发展围绕提高高等教育质量，以强化科教结合为主线，以提升自主创新能力为核心，以推进协同创新为战略选择，以体制机制改革为突破口，通过试点先行、重点突破带动全局发展。在此背景下，"2011计划"应运而生。"2011计划"是由政府主导的、旨在促进高校间相互合作、高校和科研机构及企业间深度合作的协同创新计划，是"211工程"和"985工程"的延续。该计划以人才、学科、科研"三位一体"创新能力提升为核心任务，深化高校机制体制改革，转变高校创新方式，旨在突破高校内外部机制体制壁垒，促进高等教育与科技、经济、文化有机结合，建立协同创新的战略联盟，促进资源共享，联合开展重大科研项目攻关，在关键领域取得实质性成果。同时，该计划在政策支持上侧重于体制方面，如在高水平队伍组建、协同机制、学者流动机制、学生培养方式以及资源共享方式上的支持，而非单一的经费支持。

回顾过去，中国的创新实践与政策与创新模式的演化相互呼应。中国的政策制定者曾将重心放在基础研究上，努力提升高校与科研院所的基础研发能力，鼓励高校通过专利许可、校办企业等方式将技术转移到企业。随后，政策制定者发现企业作为创新主体，有着格外强烈的创新获利意识，因此，提升企业自主创新能力，如提供财政支持、鼓励企业建立自己的研发团队、与高校共建联合实验室、建立中试基地亦成为政策的着力点。此时技术创新在创新进程中发挥重要作用。改革开放后，下海潮催生了大批企业，同一产业链上的企业自发地汇聚在一起，形成产业集群。为促进产业群的创新能力，政府开始着手建立高新产业园区和创新示范区，通过出台园区内优惠政策，将高校、制造研发企业和中介服务企业引入示范区，这与区域创新系统的思想一脉相承。1996年，中央将科教兴国确定为国家战略，将实施国家创新系统作为实施科教兴国战略的重要决策，通过各种方式促进产业界与学术界的联合、合作与协同。例如，中央推进实施产学研联合开发工程，鼓励高校与企业进行各种形式的协同创新。这项工程取得了良好效果，高校和企业从最初的短期人员互访发展到现在的人才互聘、学生联合培养；从单向的专利许可转变成共建联合实验室、共享科研平台和中试基地、联合研发产品与技术。随后，针对高校人员不了解企业实际需求，转移科技成果的意愿低的实际情况，政府又修订《中华人民共和国促进科技成果转化法》、出台一系列政策以促进科技人员的灵活流动。然而，高校、科研机构、企业与区域之间存在着复杂联系，各主体之间的协同关系仍需理顺，于是教育部、财政部实施"2011计划"，通过体制机制改革，提升高校的创新能力，进一步深化高校与企业的协同关系，发挥高校在区域、产业发展中的重要作用。

第二章 高校协同创新运行机制

高校协同创新的运行机制是指从系统各参与主体产生协同意愿开始，到协同合作结束的全过程，包括前期协同形成过程、中期组织实施、运行管理、后期绩效评价、利益分配等，以及涉及的政策制度、运行管理及作用方式。高校协同创新以追求创新能力、实现协同价值为动力，在此动力牵引下，各参与主体通过资源共享、学科交叉融合创造出科技成果，增强了科研实力和创新产出。在协同过程末端需要对创新绩效进行评价，进而实现协同利益的合理分配。因此，本章从系统的动力机制、协同机制和评价分配机制等方面入手，对高校协同创新系统的运行机制及其内在关系进行深入分析。

第一节 高校协同创新形成过程

高校协同创新是一项由众多要素和诸多环节构成的复杂系统。协同创新系统的形成是开展高校协同创新的前提和基础。在对高校协同创新的运行机制分析之前，对高校协同创新的形成过程进行分析，对于深入研究高校协同创新的动力因素及动力机制有着重要的意义。从创新链的形成发展角度来看，高校协同创新的形成过程可以分为方向确定、伙伴选择及平台搭建三个阶段。

一、确定协同创新方向

正确的方向是行动取得成功的前提。高校协同创新的形成也必须要先确定一个正确的方向，这是高校连同其他创新主体开展协同创新的首要任务。根据国家"2011计划"原则，高校协同创新的问题选择应以前瞻性的国家战略发展需要或地方、主导产业的关键技术难题为主要方向，依托高校特色专业和学科优势，组织其他相关创新组织参与主体共同搭建协同平台，进行针对性的、深入的创新研究，努力解决国家和地方经济社会发展的重大战略问题。

（1）高校协同创新方向的确定应考虑提升高校服务国家和地方发展的意识和能力，研究的问题应该与国家和地方发展中的新兴战略产业、重点传统创业及重大国计民生工程等需求相关。鼓励高校的教授和技术专家走出高校，开展广泛而深入的实际调查，充分了解地方经济社会、行业产业发展的具体需求，将基础研究与现实中的实际问题相结合，进行扩展的应用性研究，使高校的研究成果能够真正地普惠民众、服务民生。因此，高校协同创新的方向确定要以服务国家、地方和产业发展为宗旨，结合国家创新体系中的重大关键性问题，面向地方市场经济发展需求及产业发展的核心问题。

（2）高校协同创新除关注外部的重大问题外，高校自身发展的重大问题也是高校协同创新的方向。想要更好地服务国家和地方发展，必须提高高校自身的综合能力，立足长远、着眼当下，加强对科技前沿问题的研究，增强高校在基础理论知识和科技成果等方面的积累，这也是高校有别于其他创新主体的重要优势。因此，确定高校协同创新的方向时，必须将自身发展置于外部的国际、国内及地方的发展环境之中，借助对外协同创新及科技成果转化对高校内部科研管理和人才培养的体制机制进行创新，将企业及研究机构等外部主体的资源优势充分吸收借鉴，以提升高校的自主创新能力。在完善学科建设、深化科学研究的同时，为地方发展输出专业人才，提供智力咨询支持，更好地服务社会。

（3）主导高校在确定协同创新的方向时，充分考虑自身的资源和功能优势，积极主动与高水平科研机构和企业等进行深度合作，在组建的协同创新平台上吸收相关领域或行业的一流专家，充分利用这些高水平创新人才的聪明才智，组建一流科研团队，合力攻破国际或国内高精尖行业领域的前瞻性问题，打造世界一流大学，在提高国家自主创新能力及一流创新人才培养输出和建设创新型国家过程中发挥中流砥柱的作用。

二、选择协同创新伙伴

协同创新伙伴是高校协同创新系统中与高校联合进行重大问题和关键技术协同攻关的其他创新主体，是系统必不可少的构成元素。由于高校协同创新中的高校、科研机构、企业和政府等来源于不同领域，它们对高校协同创新的预期目标和价值获取等存在一定的偏差。而要取得高校协同创新的成功，必须要这些异质主体在目标、价值和文化等方面协同一致，充分发挥各自的优势，合力攻关。因此，协同创新伙伴的选择是高校协同创新取得成功的关键，必须将其作为一个重要的决策过程进行处理。

（1）趋同一致的目标愿景既是选择协同创新伙伴的基本原则，也是后续协同创新活动顺利进行的重要保障。但在实际中，高校协同创新中的各参与主体在目标追求和价值取向上很难达到统一。仅考察高校内部成员就可以发现，不同年龄、不同专业的学者其价值追求也存在很大的差别，如年轻讲师考虑是否有合理的科研团队环境帮助其锻炼各方面的能力，从而尽快晋升职位；教授、博导在职称晋升方面已经取得一定成就，更多的是通过协同创新平台追求自我价值和学术声誉。文科学者更重视应用自身掌握的专业知识，承接一定的横向课题，为经济社会各方面的发展出谋划策；理工类专家重视技术创新，希望通过协同创新与企业合作，将科技成果进行转化。高校内部成员的目标追求不同还体现在，领导者和高层管理者着眼宏观层面，希望通过服务国家和地方经济社会发展，输出大量高素质人才，不断提升社会影响力。而教师和科研人员追求的是个人价值的实现，希望有特定的平台和机会发挥自己的专业特长和创新能力。对比来看，来自不同创新主体的成员之间的目标差异可能更大。而系统成员目标追求上的不一致必然导致高校协同创新系统中滋生机会主义。因此，高校协同创新系统中，高校在选择协同伙伴时，必须坚持趋同一致的目标。

（2）组织文化兼容是目标愿景趋同一致的保障，是选择协同创新伙伴的另一基本原则。高校协同创新是在高等学校主导下，不同创新主体大跨度、宽领域整合来自多领域、多行业的创新资源的创新组织方式，其中，与系统相适应的组织文化是系统协同创新活动顺利进行的重要保证。在高校协同创新系统中，每一个参与组织都有自己的、有别于其他主体的组织文化，即组织文化的独特性，如高校、科研机构、企业和政府等主体各有自己特色的、反映自身行业特点的组织文化，如大学文化、学术文化、商业文化和行政文化等。组织文化的这种独特性使得各主体间思维、行为上存在一定的差异。一方面，这种差异增加了系统协调管理的难度和成本；另一方面，增加了系统协同创新的风险和不确定性，甚至可能导致创新失败。这就要求协同创新系统的组织文化能够很好地和各主体的组织文化兼容，但兼容不是完全同质，不是对异质文化中闪光点的抹杀。高校协同创新系统鼓励各主体进行充分的、深入的文化方面的交流和融合，这样对于激发创新思维、提高创新效率也有很大的帮助。

（3）协同创新伙伴的选择应注重优势互补、功能耦合，实现高校协同创新的协同放大效应。高校协同创新选择协同创新伙伴，并不是要将各个参与主体的创新要素和功能简单叠加，而是要注重系统的整体性。在现代的市场竞争环境中，科学知识和技术体系日益复杂，创新的难度也越来越大，任何创新主体都很难全面掌握各种创新资源，即使通过外部交易获得的可能性也较低，更遑论依靠自身的力量单独实现创新突破。组建战略联盟、参与协同创新，才能借助多方优势资源，提高创新能力、提升市场竞争优势。高校、科研机构、企业、政府、科技中介及金融机构等掌握的资源各有不同，只有充分发挥各自的优势和特长，资源共享、功能耦合，才能实现整体最优和互利共赢。除此之外，良好的基础、优良的信誉和畅通的沟通渠道等也是选择高校协同创新伙伴的重要原则。

三、搭建协同创新平台

协同创新平台对于高校协同创新来说，是各主体协同创新活动正常开展的重要载体和必备条件。高校协同创新平台是指高校连同其他创新主体，围绕协同创新目标，为保证信息、知识、技术、人才和资金等资源流通共享，协同创新活动顺利进行而搭建的结构稳定、功能完善的系统内部组织结构。高校协同创新平台不仅可充分发挥高校创新人才集聚、专业门类完善和基础研究实力强的独特优势，还可积极引导、激发其他创新主体的独特优势，如科研机构的应用研究优势、企业的技术市场化优势、政府的政策协调优势、科技中介机构的资源优势及金融机构的资金优势等。在高校协同创新中，协同创新平台的形式最常见的就是协同创新中心，搭建协同创新平台可以从以下四个方面进行兀管：

（1）建立协同创新平台组织管理体系。

协同创新平台的组织管理体系直接决定着高校协同创新平台的管理体制和管理水平，它对协同创新活动预期目标的实现也有重要的影响。因此，高校协同创新平台的组织管理体系建设应以高校为主导，其他各主体积极参与，注重组织管理的开放性、动态性和柔性，建立一套机构完整、分工合理、职责明确、密切配合的完善保障体系。平台的组织管理机构一般包括理事会、管理委员会、学术委员会和监事会等，各机构在职责上有不同的具体分工。高校协同创新平台的理事会是最高权力机构和战略决策部门，由各个创新参与组织的主管组成，它的主要职责包括制订战略发展规划和工作计划，聘任科学家及高层管理人员，协调各种重大事项，争取各类创新资源等。高校协同创新平台的管理委员会是日常的行政管理部门，其职责包括明确各参与单位的责任、权力及利益分配关系，对协同创新平台的普通员工进行招聘、培训和管理，对系统内的创新资源进行统筹管理、协调分配。高校协同创新平台的学术委员会聘请相关行业领域的高精尖人才组成，其职责包括技术指导、团队建设、课题申报、人才培养、学术交流及成果转化等。高校协同创新平台的监事会对平台的协同创新活动具有监督责任，包括对各层管理人员的监督评价，对经费使用问题及其他不良思想和行为的监管等。

（2）充分整合并优化配置创新资源。

创新资源在平台内的充分整合和高效利用，是高校协同创新活动顺利进行并取得实际性成果的资源保证。高校协同创新平台上不仅汇集了各参与主体的人才及设备等有形资源，还涉及多行业、多领域的技术专利及来源于企业、政府和金融机构等的资金等无形资源。高校协同创新平台通过发挥职能部门的协调管理作用，使各种有形和无形的创新资源在平台上汇集、共享，实现在各协同组织之间无障碍流动，进而使这些创新资源在系统中得到充分利用，提高创新效率和创新绩效产出。但是，由于高校协同创新各参与主体的禀赋不同、专长各异、能力不一，在资源共享、优势互补、深度合作的同时，要注意大局意识和整体观念，防止机会主义现象出现，更要杜绝搭便车行为，资源共享必须以遵守知识产权保护制度为前提。

（3）建立高水平创新人才引进和培养机制。

开展高校协同创新必须建立在创新人才的基础上，层次合理、数量适宜的人才队伍是建立优秀科研团队的重要支撑，科研团队中不仅需要应有的技术人员和管理人员，还需要领军人物在协同创新团队中总揽全局、协调各方。其中，领军人物的能力对高校协同创新的绩效产出有紧密关联，其能力强则其带领的科研团队创新程度和创新效率就高，协同创新绩效产出就高。因此，对领军人物和精英人才的吸引和引进是搭建协同创新平台的关键环节，应充分发挥主导高校及其他相关主体的综合影响力，积极从海内外引进一批高端人才充实到领军人物队伍中去。除了采用外部引进、多途径聘用的方式聘请领军人物，高校协同创新需更重视内部人才的培养。对于人才的培养，高校需充分发挥其知识研究和传承及高层次人才培养的功能，同时，通过协同创新平台，利用科研机构和企业等的优势资源辅助优势特色学科打造和专业人才培养。除了在高校协同创新系统内部进行高素质人才培养，还可以"走出去"，倡导系统内的科研人员和学者等到国内外科研机构及企业去挂职，将学者的理论知识与生产或市场实际相结合，提高创新人才的综合素质，更好地为高校协同创新服务。

（4）科技研发与成果转化平台建设。

从创新链角度来看，高校协同创新的起始阶段即是科技研发，多方主体依托协同创新平台，在国家相关政策的指引下，整合、共享创新资源，针对国家或地方发展的重大需求问题进行科技创新和研发工作。而在创新链的末端，成果转化对前期的科技研发进行检验，通过转化为产品实现市场经济价值，同时，又反馈前期的科技研发。前期的科技研发与后期的成果转化，是高校协同创新工作中非常重要的两个环节。一方面，对于科技研发来说，科学前沿、国家战略性及行业关键性的问题的解决需要各主体协同进行，而这些工作都需要建立在科技研发平台之上。考虑到协同创新问题的具体目标，科技研发可能还需要实验室、研究中心及中试平台等的配合，这些都是科技研发平台的组成部分；另一方面，对于成果转化来说，科技成果只有得到转化，生产出相应的产品并通过市场化、产业化实现其经济价值才是创新过程的完成，这是技术创新的内涵。成果转化是连接科技研发和最终产品的纽带，必须建立科技研发和成果转化平台，延伸对整个创新链活动的支撑，实现创新链运行的顺畅、高效。

第二节　动力机制

高校协同创新是产学研协同创新的更高阶段，其动力形成的目的就是不断提升高校、企业、科研机构及其他组织的协同创新能力，最终获取创新联盟的竞争优势。高校协同创新的动力形成过程就是协同创新各组织不断培育和提升各自的核心能力，最终互补融合，形成整体竞争优势的过程。高校协同创新各参与单位都有别于其他组织的核心能力，企业的核心能力在于掌握市场需求信息，能够进行技术成果转化、产品生产和销售；高校和科研机构的核心能力在于强大的科研实力及丰富的知识和技术资源积累。各主体核心能力的提高需求即是各主体主动参与协同创新的内在动力之源。高校协同创新的动力机制分为内部动力机制和外部动力机制，本节首先对内部动力和外部动力因素进行系统分析，然后构建高校协同创新的动力机制模型，从而全面展示高校协同创新动力机制。

一、内部动力因素

高校协同创新的内部动力是高校协同创新系统内部的动力因素，激发系统内部各主体的协同创新积极性和主动性，更好地实现系统预期的战略目标。高校协同创新的内部动力主要包括利益驱动力、战略协同引导力、内部激励推动力和创新能力保障力。

（一）利益驱动力

对利益的追求是一切社会角色进行社会活动的目的，高校协同创新的各参与主体同样如此，他们参与高校协同创新都是受其追求的利益驱使，但这种利益不仅局限于经济利益。高校协同创新系统中，高校、企业、科研机构等主体间的知识、技术相互流通。首先，各主体拥有的知识存量存在一定的差异，高校和科研机构掌握的科研资源显然比企业更多，知识从资源富集的高校、科研机构向企业流动。其次，各主体掌握的知识在属性上有一定的差别，高校和科研机构掌握的是科学技术知识；企业掌握的是生产经营管理知识，依托高校协同创新平台，不同主体的知识相互流通、优势互补，促进创新活动的开展。

高校协同创新各主体通过协同创新将知识、信息和技术等优势资源互通共享，利用重大技术问题研究推动行业产业技术更新换代，进而通过技术成果转化实现经济利益的收获。追求各自利益并实现最大化是各方主体参与协同创新的最根本内动力。除了对表面的经济利益的追求，各主体还有更深层次的追求，如高校还希望提高学科专业的建设水平、优化创新人才培养机制、拓宽科学研究视野、提升经济社会服务能力。科研机构除了希望获得良好的成果转化，还希望在协同创新过程中产出更多高水平的研究成果。企业还有对自身创新能力的追求，希望在高校和科研机构的帮助支持下显著地提升其技术创新和产品创新水平，从而提高自身在激烈的市场环境中的核心竞争力。

（二）战略协同引导力

高校协同创新的战略协同是指高校、企业和科研机构等在预期目标上形成协同，对系统整体及每个个体的思想和行为起引导作用，使各方的战略目标与联盟的目标实现统一。高校是基础知识和技术的提供者，科研机构是应用性研究的供给者，企业是技术创新的主力军，政府是创新活动的协调者，科技中介和金融机构分别是信息环境和资金环境的构建者，各方主体参与高校协同创新，实现科研成果商业化的最终目标。各主体分别处于创新链中的不同阶段，要形成战略目标协同就要求它们找准自己的定位，准确把握各自在协同创新系统中的职责分工。高校协同创新的战略协同形成之后，将会引导协同创新各参与主体变单独行动为集体行动，驱动系统向预期方向运行。

（三）内部激励推动力

高校协同创新的激励机制是指系统组织管理机构通过一定的措施或规章制度，满足参与成员的物质和精神需求，充分激发创新人员的主观能动性，使最终目标顺利实现的一系列方法、手段，其本质是一种制度框架。内部激励是高校协同创新系统为充分发挥各参与主体的潜力和积极性，使各成员的行为与目标兼容，由协同创新平台（中心）的管理委员会制订的制度框架，包含各种行为规范及责任、权力和利益分配体系。高校协同创新是高校、科研机构、企业及政府等其他各主体围绕共同的目标展开协同活动，是一个涉及多主体、多行业、多领域的复杂系统工程，其运行的基础和核心是人力资本，包括高校和科研机构的教师和科研人员，企业的技术开发、产品设计及运行管理人员，中介的技术服务人员，政府的行政工作人员，以及其他的协助参与人员等。高校协同创新的进行归根结底实际上是人的活动，要充分调动相关人员的积极性、主动性，这就要求必须建立一套行之有效的激励机制。

科学化、规范化的内部激励机制是激发高校协同创新系统中各参与组织及人员的创新激情、创造潜能和工作积极性的有效措施，也是高校协同创新系统持续高效运行的重要动力。对高校协同创新进行激励可以通过四种方式即产权激励、资源共享激励、文化激励和政府激励来进行，四种激励方式相互影响、相互促进，共同构成高校协同创新的激励机制。

（四）创新能力保障力

高校协同创新系统的创新能力是指在协同创新过程中，各主体积极贡献各自的优势创新资源，资源共享、优势互补、风险共担、互惠互利，从而形成的协同创新系统的综合能力。高校协同创新系统的创新能力是各主体协同合作、共同努力达到预期战略目标的重要能力保障。一般在协同关系建立之前，协同创新系统内各组织会对自身的资源禀赋和创新能力进行评估，进而判断协同关系能否建立，未来协同项目能否顺利完成。高校创新能力越强，越是能够紧紧把握专业领域前沿方向，进行深入的基础研究开发和专业人才的培养；科研机构的创新能力越强，越是能够保证科技成果的应用性研究更有针对性，能够更好地解决国家和地方的实际问题；企业创新能力越强，越是能够提供良好的技术成果转化场所，更好地帮助高校及科研机构的技术转化成市场需求的产品，从而保障经济效益的实现。各方创新能力越强，资源共享、优势互补，高校协同创新系统的创新能力才可能更强，进而反哺各创新主体，进一步帮助各创新主体提高自身创新能力，实现创新能力的共同提升。

二、外部动力因素

高校协同创新的外部动力是指存在于协同创新系统之外的动力因素，这些外在的动力因素构成协同创新系统的外部环境，通过间接的作用方式推动各主体协同创新活动的进展。高校协同创新的外部动力主要包括技术推动力、市场需求拉动力、市场竞争压力和政府支持力四种。

（一）技术推动力

在当今产品更新换代快、技术革新速度快、市场竞争激烈的环境下，任何市场经济主体想跟上科技发展步伐，保持市场竞争力，就必须进行技术创新。但受自身信息、知识、技术和能力等条件的限制，仅靠自身实力进行技术创新的难度很大，这就使得对外部技术供给的需求更加迫切，而通过高校协同创新平台，与高校和科研机构等创新能力强的实体进行协同创新是更为有效的途径。因此，技术推动力是高校协同创新重要的外部驱动因素之一。首先，对新技术的需求驱动企业主动与高校和科研机构建立联系，形成协同创新系统，通过协同攻关解决技术成果转化的问题；其次，当创新成果转化形成规范化模式后，就会使未来的同类创新延续下去，各主体自发形成协同创新战略联盟；最后，对新技术的渴望会引领高校协同创新系统加大研发投入力度，深入开展协同活动，将更新的技术应用转化，从而实现更高的预期。

（二）市场需求拉动力

在高校协同创新中，市场需求是创新活动的基本起点，也是检验创新成果的最重要标准。市场经济中，企业通过生产产品进行销售来实现其经济利益的目标，但产品如果不符合市场需求，企业的经营必然会出现问题，甚至面临失败、倒闭的局面。，因此，企业针对市场需求，进行相应产品和技术的研发，受自身经济实力和科技实力等的制约，企业必须要寻求与外部的合作才能取得研发的成功。企业通过高校协同创新系统与高校和科研机构等建立合作关系，协同开展技术创新和产品研发活动。一方面，确保产品和服务符合市场需求；另一方面，增强企业自身创新能力，帮助企业保持在市场中的竞争力。对于高校和科研机构来说，市场需求的作用主要体现在两个方面：一是为高校和科研机构的科研活动提供充足的经费。高校和科研机构通过与企业联合进行协同创新，将其理论成果转化为产品进行销售，从而实现经济上的收益，高校和科研机构的理论价值与商业价值得到有机结合，也满足了高校和科研机构对资金追求的目的。二是市场为高校和科研机构培养的人才提供检验的场地和标准。尽管高校是传统意义上培养人才的基地，但现代的科研机构也部分承担了创新人才培养的责任。尽管经过多年的办学，高校和科研机构已形成了较为成熟的人才培养模式，但日益复杂的市场环境对毕业生提出了更多更高的要求，高校和科研机构的培养方式也要随之进行调整。高校和科研机构通过与企业协同，可以结合企业情况调整教育教学方式方法，引入企业专业技术人员和管理人员给学生授课，还可将企业作为毕业生的实习基地，确保培养出来的是适应具体岗位、适应现代竞争的专业型、复合型人才。

（三）市场竞争压力

高校协同创新各主体寻求协同创新合作伙伴还有市场竞争压力的作用。在激烈的市场竞争环境中，企业很难仅靠自身的实力维持稳定的市场竞争力，因此，必须寻求合作伙伴。作为创新的理论源头，高校和科研机构掌握着与企业不同的资源和能力，受到企业的关注。通过在高校协同创新系统中的协同创新活动，各主体发挥互补协同效应.使它们在协同创新活动中各尽其责，使创新效率和绩效产出更高，补强企业在技术创新和产品研发方面的短板。在高校协同创新系统中，市场竞争的促进作用首先体现在，协同创新各参与主体在竞争压力之下，主动收集外部各种资料情报，并有针对性地整理和分析，选择适合市场需求的、有前景的技术和产品进行协同攻关，帮助企业获取长远的竞争优势。市场竞争的作用还体现在，市场竞争压力使各主体自觉自愿参与知识学习和技术创造，且在协同创新过程中不断提升自己的危机意识和进取意识。

（四）政府支持力

在高校协同创新系统中，政府是协同创新的推动者，政府对高校协同创新的支持力主要体现在行为引导与政策激励两个方面。一方面，在高校协同创新的各个创新主体的联系中，政府起纽带的作用，政府通过连接各创新主体，将各种创新资源进行整合、协调，推进协同创新活动。其中，作为官办机构的高校和科研机构也希望通过政府的联系和推动，与企业建立协同工作关系，经过深入的合作获取丰厚的经济利益；另一方面，高校协同创新的运行是在政府相关政策的激励下实现的，政府通过制定各种辅助协同创新的财政和税收等方面的政策，激发创新主体的协同积极性，取得协同创新活动的实质性产出。

三、动力机制模型构建

高校协同创新如同绝大多数经济活动一样，不是偶然形成的，而是高校、科研机构、企业、政府、科技中介和金融机构等创新关联主体，在各种动力因素共同作用下，确定创新方向、选择创新伙伴、搭建协同创新平台，形成稳定的协同关系，共同围绕国家或地方重大战略问题进行创新活动。高校协同创新的动力因素包括内部因素和外部因素，这些因素不是孤立存在的，而是相互之间存在一定的联系，相互作用、相互影响，而高校协同创新就是系统内外的各个驱动因素相互作用的结果，也就是构成高校协同创新的动力机制。本书研究的高校协同创新动力机制具体是指前文介绍的存在于高校协同创新系统外部环境及系统内部的动力因素，促进高校与其他主体建立协同组织中心，并进一步推动协同关系深入持续发展的运作方式。

高校协同创新是协同创新系统内外动力因素共同作用的结果，内部动力是高校协同创新的直接推动力；外部动力则直接作用于系统内部动力，进而间接地推动高校协同创新形成。

首先，从高校协同创新系统的内部动力来看，利益驱动是高校协同创新各主体参与协同的最根本内动力。战略协同强调各主体期望在一致的战略目标下，发挥各自的比较优势，全面协同合作，实现各自的目标利益，反过来可以认为，高校协同创新的各参与主体相互协调各自的战略目标，为的是提高协同创新共同体的整体创新能力，以实现共同的利益诉求。内部激励和创新能力是高校协同创新活动得以顺利进行的保障，一是制度规范，二是核心能力。其中，前者典型的内部激励包括物质方面的激励及精神层面的激励，这样能够有效激发高校协同创新系统中各创新主体的能动性和创造性；而后者的创新能力主要是指高校协同创新系统中各参与主体在基础研究、应用研究及产品研发等方面的专长和资源禀赋情况，各主体在协同创新平台的支持作用下，优势互补、资源共享、功能耦合，最终形成鲜明的协同效应。

其次，从高校协同创新系统的外部动力来看，市场需求是创新的出发点和依据，也是检验技术成果的最高标准。市场竞争压力是在激烈的市场竞争下，积极寻求技术和产品上的原始创新，压力变动力，转化成持续的市场竞争力。技术推动力体现在对外部技术需求更加紧迫，通过高校协同创新进行行业领域关键或重大技术问题的研究，有效提升各主体的协同创新能力。政府支持力主要表现在前期引导创新主体积极主动寻求参与协同创新的机会，通过制定和执行良好的政策，为高校协同创新构建有利的政策法规体系和良好的创新文化环境。

第三节　协同机制

高校协同创新包含了高校、科研机构和企业等基本主体和政府、科技中介机构、金融机构及其他支撑主体的多元化创新主体，是一个极其复杂的多元主体交互的过程。在协同创新过程中，各主体所掌握的资源优势不同，都会存在一定的资源缺口。高校协同创新是创新链上、中、下游各环节的对接和耦合，是教育、科研及生产等功能的协同，是高校、企业、科研机构及其他主体优势资源的集成。高校协同创新的运行必须要有合理的协同机制作为保障，其中，包括协同组织、资源共享及人才管理等相互交叉的协同活动机制，以实现各种创新资源的有效融合。

一、协同组织机制

作为高效率的链状系统，高校的创新链的协调机制必须建立在良好的沟通交流基础上，还要处理好各种内外部环境因素的制约，从而使科学技术研究到成果转化之间的通道保持畅通，提升科技效益的转化效率。在高校协同创新的组织管理体系中，管理委员会是日常事务管理和统筹协调的主要职能部门，通过对高校、科研机构及企业等人员进行协调，对创新链的各个环节进行监控调整，从而使创新链的运行处于最优状态。这就需要高校发挥其技术创新和人才培养的功能优势，与其他主体积极合作，建立联合准入共享机制，对高校协同创新的参与组织、参与人员及相关研究项目等进行严格筛查。

高校协同创新是涉及多行业、多领域、多主体大跨度的协同活动，有效的组织机制是系统整体协同度达到一定程度的制度保障，只有在有效的制度保障下，高校协同创新系统的协同效应才能产生。因此，组织机制是高校协同创新系统各主体资源共享、功能耦合、互动良好的基础，对高校协同创新的最终目标达成、以最高水平达成起关键作用。高校、科研机构及企业等主体参与高校协同创新的首要目的是自身利益的最大化，因此，组织机制的设计要根据各主体的不同诉求，优化各种创新资源的配置，最大程度调动各参与者的主动性和积极性。此外，组织机制的建立和实施还需考虑政府作用的充分发挥。总体来看，高校协同创新的组织机制就是通过制度规范加强各种基本主体和支撑主体的内在联系，推动高校协同创新系统的优化发展。

高校协同创新的组织机制的建立和完善必须以国家和市场需求为方向，建立开放的协同创新平台，设计保证资源充分流动、共享的资源共享机制，设计合理的利益分配和风险分担机制，激发创新主体活力，提高协同创新的效率。一是要以国家、地方或市场需求为主要创新方向，主动与国家和地方产业发展相对接，从而确定高校协同创新的研究领域和重点技术方向。二是重视协同创新的平台建设，整合、共享所有创新资源，逐渐形成平台管理机制和组织管理体系。三是发挥高校、政府、科研机构和企业等组织的优势，激发高校协同创新系统各主体协同攻关的积极性和主动性，实现科技创新、人才培养、技术转化、产品营销等环节的连接和互动。四是充分发挥市场的资源配置作用，设计合理的利益分配和风险分担机制，激发高校协同创新系统各参与主体的创新活力。五是建立保障高校协同创新系统顺利运行的体制机制，以体制机制创新为协同创新的支撑力。

上述各种措施建立和完善高校协同创新的组织机制，其中包含了对协同创新的思维方式、领导方式、培养模式、发展方式和评价方法等方面的转变之意。一是思维方式的改革，高校协同创新系统的一切活动，包括资源分布、人才协调和体制机制等，均要以系统的总体目标为前提，否则协同就难以达到更高的水平，预期目标也不可能实现。二是领导方式转变，通过构建新的组织管理模式和管理机构设置方式等途径，形成新的适应于具体协同创新需求的领导方式，用一体化的理念推动各创新主体按照规划路线进行协同创新活动。三是转变人才培养模式，通过协同高校与科研机构、企业等创新主体，提高学生实践能力、创新素养及理论研究能力，使学生能够更好地与市场需求对接。四是发展方式的转变，要从过去的数量增长、规模扩张转变到质量提升、内涵增长上来，在协同创新活动中实现发展方式的转变。五是评价方法的转变，在高校协同创新评价中，要注重协同活动和人才质量两方面的评价，根据协同创新发展的实际情况动态调整评价方法，更好地引导和调控协同创新进程。

二、资源共享机制

在高校协同创新系统中，各创新主体在创新资源掌握方面拥有各自的优势，高校和科研机构的优势体现在科学知识和原始技术及人才培养方面，但由于它们与市场没有直接联系，因此，在技术成果转化方面的能力相对较弱。而企业的优势体现在掌握大量的市场信息，能更及时、准确地知道市场对技术和产品的需求，但企业一般都存在自主创新能力不强的问题，需要寻求外部科技创新资源的帮助。因此，高校、科研机构和企业联合建立高校协同创新关系，分工协作、取长补短，可增强企业的创新能力、提高产品的科技含量和市场竞争力。对高校和科研机构来说，科技资源经过转化进入市场，可获得利益回报。

因此，高校协同创新各参与组织通过技术合作、资源共享，不仅可充分调动各主体参与协同的积极性和主动性，而且对于抓住市场机遇、实现科技转化、获取经济利益等都有很强的保障作用。理想的资源共享模式的核心在于资源的整合共享，可帮助各主体避免重复创新、重复投入。首先，建立创新资源共享平台。一方面，对现有的资源提高了整合完善力度，尤其是重要的核心科技资源，加大共享力度；另一方面，对平台上所不具备的资源，系统组织管理机构发挥作用，进行补充完善，提高资源集成效率和共享效率。其次，充分利用各种科技中介。科技中介掌握着更多的其他创新主体难以全面掌握的信息资源，高校协同创新各主体应充分利用科技中介的牵线搭桥作用，除此之外，还可加强扶持和培育各种科技中介机构，加快信息资源的流通扩散，加快科技成果转化的进度。最后，完善相关法律法规。尤其是对于高校协同创新中各参与主体的职责和权力划分依据，在科技资源共享过程中遵循产权制度相关法律，完善高校协同创新中的制度规范。

高校协同创新的资源共享是建立在资源共享平台基础上的，它将各个主体集成在系统之内，知识通过在不同主体之间不断循环转化，推动系统持续创新。高校协同创新系统是对传统链条结构的扩展和延伸，其覆盖范围更大，与系统外部的沟通渠道更多，从而使更广范围的创新资源整合到资源共享平台上来，不断改善协同创新的外部环境。高校协同创新可将传统的链式结构重新集成、组合、优化，变成知识链、价值链交织的网络结构。在此基础上，创新主体充分吸收应用共享资源，更好地参与协同创新和成果转化过程。

三、人才管理机制

高校协同创新的开展必须建立在创新人才的基础上，层次合理、数量适宜的人才队伍是建立优秀团队的重要支撑。高校协同创新涉及高校、科研机构和企业等主体的人员参与，要实现各方人才的高效协作，必须重视跨行业、跨领域、跨组织的人才交流与融合。而在实际中，高校协同创新中的各参与主体及参与人员在目标追求、价值取向上很难达到统一，甚至同一主体内的各年龄段、各层次的人才需求都存在差异，这种矛盾的存在必然会对协同创新的开展产生阻碍。

高校协同创新的人才管理机制，包括人才的招聘引进、人才的考核管理和人才的内部培养等方面。首先，系统的人才资源应将高校和科研机构的教师、科研人员和有创新能力的学生，以及企业的技术专家和高级管理人员都一并纳入协同创新人才队伍，同时，积极拓宽人才资源通道，从高校协同创新系统外部吸收、引进高级人才，加快实现系统内外部人才的交流与融合。其次，在系统中对人员的考核除了考虑创新人才对系统协同创新活动的直接贡献，还要考虑相关人员在系统工作中的为协同创新环境的改进所做的贡献。最后，在人才培养方面，通过多主体、多行业、多领域合作，建立更多的创新基地，培养更多的优秀创新人才，促进高校协同创新系统的创新人才可持续发展。

高校协同创新的人才管理机制还需要在制度层面上进行保障。对高校来说，应改革职称评定条件，对教师队伍分类，明确不同类型的教师不同的考核体系和标准，这样更能激发高校教师参与创新的积极性。从政府层面来说，通过制定激励人才参与创新的政策和法规，鼓励学术界和企业界的人才交流。

第四节　绩效评价机制

绩效评价是利益合理分配，实现有效激励的基础，具有评估、监督、激励和导向作用。高校协同创新绩效评价是对协同创新活动的阶段性检查总结，为后续活动提供科学指导和参考依据。高校协同创新的绩效评价机制，从更深层意义上来说，揭示创新活动的内在规律，为未来同类型的活动提供经验借鉴。因此，高校协同创新绩效评价要遵循科学性、客观性原则，还要注意全面考察协同创新活动的学术贡献，以及经济、社会、生态效益。

一、绩效评价原则

高校协同创新是由来自不同行业领域的、不同文化背景的多元利益主体共同组成的，其主体的多样性和复杂性给高校协同创新绩效评价带来很大的困难，因此，在设计评价指标体系、全面进行绩效评价时必须遵循一定的原则，如科学性、客观性、可测性、系统性和可行性等原则。由于高校、科研机构与企业对绩效认定的方法和角度不同，一个偏向于科研成果的学术性评价、一个偏向于经济价值的功利性评价，因此，在对高校协同创新绩效进行评价时，最主要的是注意学术性评价与功利性评价相结合，兼顾高校和科研机构对学术研究成果的追求及企业对产品价值和经济效益的追求，动态、科学地考察高校协同创新产生的综合效益。

学术评价也称为理论评价，是对学术活动的学术价值或理论价值的评估和预测。学术评价的对象包括学术活动中形成的理论、学说及方法等内容，对这些内容蕴含的学术价值和理论价值进行评估判断，目的是对相关学术成果进行总结，补充到人类的知识库中，增强人们对未知事物的探索发现，不断满足人类的好奇心和求知欲。自古以来，好奇心一直都是人类探索未知、增长科学知识的主要动力，因此，也被称为科学之母。对学术过程及成果的价值进行评价，根本目的是判断其是否能够反映科学技术研究的一般规律，能否指导人们保持良好的好奇心和求知欲望，勇敢地探索未知世界，正确地认识科学真理。

对高校协同创新的评价首先是对协同创新过程及创新成果进行认识论层面的评价，包括科研创新成果数量和质量（如论文、专著等形式），学科专业建设效果（如新兴专业、特色专业等），未来发展前景（如科研成果）是否能够引领一个学派，能够开创一个分支等情况，从其理论体系和学术价值等方面进行深入评价。"2011计划"鼓励高校围绕重点领域、重点产业的重大问题，同市场中其他多元异质主体开展全方位、深层次的合作，开展高校协同创新的任务在于整合多元异质创新主体的创新资源，优势互补、功能耦合，通过协同攻关获得一批重要的创新成果，高校协同创新就是人们对科研创新的基本规律等未知事物和未知世界的认知的深化和升华。

功利性评价，实际上就是对高校协同创新的社会价值的认知，包括经济效益和社会效益等，这些是对协同创新效率和绩效评价的重要标准，因此，功利性评价也可以说是创新成果实际应用效果的评价。高校协同创新是在政府政策引领下，多元主体为解决重大现实问题而进行协同合作的战略举措，其目的不仅是探索新知识、认识新规律，更重要的是解决现实问题，解决国家和地方经济社会发展的需求。高校协同创新中的多元异质主体由于所处的行业、领域不同，它们的价值取向和利益追求也各不相同。就高校协同创新系统整体而言，经济效益和社会效益等功利性目标的实现程度更为重要，因此，在绩效评价中必须重视对协同创新活动及成果的社会价值的评价。

综上所述，高校协同创新绩效评价既不能只进行学术性评价，也不能只关注商业上的功利性评价，而应坚持学术性与功利性相结合的评价原则。学术性评价重在科学知识和科学规律的总结发扬；功利性评价重在成果转化、服务社会。

二、科学评价指标体系

评价指标是评价对象的衡量标准，指标体系则从多个方面或角度反映了评价对象的特征或全貌，指标体系的构成包括评价对象关于评价目标的各个影响因素，从全面性的原则来看，评价问题越复杂，指标体系则越复杂。要想得到评价对象的准确评价结论，就必须建立科学的评价指标体系，这也是进行评价的前提。一套科学的评价指标体系，要从不同角度、不同尺度全面地反映评价对象的典型特点，而且还要兼顾指标的独立性和相关性。按照学术性评价和功利性评价相结合的原则，高校协同创新绩效评价指标体系筹兼顾其科研效益、经济社会效益和未来发展效益。

第一，科研效益。高校协同创新系统中各创新主体在参与协同创新时都借助其他主体的优势创新资源，吸收、学习其他组织在科学研究和创新组织方面的经验，以提高自身的创新能力和创新效率。科学研究是各个创新主体都非常重视的内容，因此，科研效益应是高校协同创新绩效评价的主要内容之一。高校协同创新的科研效益指高校、科研机构和企业等进行协同创新活动所获得的科研成果，包括课题项目、专利、论文和著作等形式。科研效益在进行统计时可以用纵向或横向课题的层次、数量及经费，科研论文、学术专著及专利的类型、级别和数量，以及上述课题项目和成果所获得的荣誉、奖励及其级别等进行衡量。

第二，经济社会效益。服务经济社会发展是高校的重要功能之一，随着经济社会发展，高校也要调整其具体的服务形式。随着知识经济时代影响的深入，知识和创新在国家和地方经济社会发展中越来越重要。作为现代市场主体，高校理应以合适的形式参与到服务国家和地方经济社会发展的工作中去。以高校为主导，连同科研机构、企业、政府及其他相关组织，实施高校协同创新模式，在进行科研创新、成果转化的过程中为经济社会发展服务。因此，经济社会效益是其绩效评价的又一重要内容。高校协同创新中作为经济实体的各创新主体依托创新平台、资源共享、协同攻关，其重要目的就是完成学术成果转化、产品生产销售之后获得商业利益和经济效益，此外，还有相关主体发展和产品消费等产生的社会效益。其中，经济效益可通过产品利润率和投资回报率等反映，社会效益可通过转化率、培养人才数量、新增就业岗位及协同主体的社会知名度等指标反映。

第三，未来发展效益。高校协同创新的开展除了各主体要追求论文、项目和专利等科研效益.以及商业利润、人才培养和就业岗位等经济社会效益，还要重视在协同创新过程中组建的创新平台、研究团队、特色学科培育、创新能力和科技竞争力提升等对未来发展更为重要的因素。这与"2011计划"的立足当下、着眼于未来，持续提升自主创新能力和加快创新型国家建设的思路是相一致的。

因此，高校协同创新绩效评价除了可以利用截面数据，在某一时点静态考察科研效益和经济社会效益，更要放眼未来、从长远的角度考察高校协同创新的未来发展效益。高校协同创新绩效评价中科研效益和经济社会效益更多的是定量指标；而未来发展效益则多是定性指标，不易量化处理。具体在进行评价时可引入模糊数学理论与方法，将模糊现象通过隶属度函数进行处理，转换成可以量化处理的指标数据，这就可以使用更多的评价方法进行处理分析。高校协同创新绩效评价中的未来发展效益可用各主体创新能力的提升情况、创新团队和创新平台的建设情况，高校和科研机构优势学科的发展情况、学术环境与创新文化的建设情况、科研管理体制的改革情况，以及企业新技术的应用情况、核心竞争力的强化情况等来进行反映。

三、评价机制实施途径

从目前的科研评价来看，现行制度已不能很好地服务于现代科技发展，甚至会阻碍科学研究、协同创新的发展。高校协同创新的绩效评价机制存在评价标准定量化倾向严重、重数量而轻质量、重经济效益而轻社会效益、重眼前利益而轻长远发展、多事后静态总结、过于突出行政权力主导等弊端，这些弊端导致高校协同创新的绩效评价不利于激发各创新主体参与协同创新的积极性，缺乏对协同创新过程的监控和动态评价，且不能保证高校协同创新绩效评价结果是客观公正的，妨碍学术自主的发展。此外，高校协同创新的主体多元性、组织复杂性也决定了评价过程不能与一般创新组织相同，必须突破传统的投入——产出评价模式，结合创新链运行规律，动态、全面地考察高校协同创新的创新效率、创新绩效及影响因素。

首先，高校协同创新的绩效评价机制执行需要由协同创新的管理委员会组建一个绩效评价小组，由各创新参与主体的权威专家组成，也可根据高校协同创新的具体类型引入第三方评价机构。其次，要制订协同创新战略规划，包括团队建设、平台搭建、人才培养、学术交流及组织文化建设等方面。这个工作主要由理事会领导完成，理事会、管理委员会和学术委员会共同将战略规划进行分解，制订年度工作计划，以便对每年战略目标的完成情况进行监控。最后，就是对绩效评价机制的执行情况进行自检和自评，每年年末管委会联合监事会对协同活动进展情况进行内部检查，并根据计划偏差情况对人员和工作机制等进行调整，在协同创新活动末期委托第三方评价机构对协同创新平台建设及运营情况进行评价。

第五节　利益分配机制

利益分配机制是高校协同创新中最重要的契约机制，高效的利益分配机制是高校协同创新长效发展的关键。对高校协同创新中的研究经费及创新成果收益等进行科学合理的分配，对于保证各创新主体及成员参与协同创新的积极性和主动性有重要的意义。

一、利益分配主体和客体

高校协同创新利益分配机制是指对各方主体在协同创新过程中所形成的利益进行分配的一套合理的方法。利益分配的主体指高校协同创新的各参与单位，如高校、企业和科研机构等基本主体及政府、科技中介、金融机构和 NG 等其他支撑主体，这些协同参与主体共同形成系统的利益相关体。

利益分配的客体即为分配的内容，指高校协同创新系统各创新主体通过协同创新活动，得到的一个整体所创造的新增收益。利益分配中涉及的利益主要包括有形利益和无形利益两种类型。

有形利益是可以直接或间接量化，指定所有权归属的价值，包括国家或地方政府拨给的专项科研经费、技术成果转化为产品后获得的利润、协同创新过程中产生的新技术及知识产权等。

无形利益则范围广泛，包含了各方的利益诉求，如高校协同创新中产生的各种经验总结即隐性知识，高校、科研机构和企业等经过协同创新后自身综合能力的提升情况，各创新参与主体社会影响力的提升情况，人才培养即系统成员经过相互交流、学习后自身创新能力的提升情况等。

二、利益分配的原则

利益分配关系到高校协同创新的稳定性和合作质量。在设计高校协同创新利益分配机制时，要充分考虑相关的影响因素。高校协同创新中投入的各种资源，这些投入是创新的基础，利益分配必然要考虑各创新主体的资参与主体所承担的风险是不同的，在进行利益分配时必须要考虑到这些情况。

为了保障高校协同创新的稳定性，在利益分配时必须使各主体的收益与其付出成正比，因此，利益分配需遵守以下三条原则：

一是投入与收益相一致的原则，这是利益分配的首要原则。高校协同创新各参与组织在分工和职能上各有不同，它们所掌握的和投入高校协同创新的资源也不同，对协同创新活动的贡献也有一定的差异。各参与高校协同创新的主体在协同活动后获得的收益应与其投入和贡献一致。创新资源投入越少，对高校协同创新的贡献越小，所获收益理所应当就越少。

二是公平与效率兼顾原则。公平是指高校协同创新系统中各合作组织参与协同活动的权利是平等的，各个合作组织在高校协同创新系统中的地位是平等的。但公平并不意味着平均分配，这是因为各自对系统的贡献不同。因此，制订利益分配机制要兼顾公平与效率，在算法分配中尽力找到两者之间的平衡。

三是协商主体相对最满意原则。高校协同创新利益分配是需要各方主体进行沟通协商的过程。各主体满意的分配方案不一定是可量化的利益，因为分配过程体现各协商主体的主观愿望。各方主体基于主观愿望进行平等协商，共同确定利益分配的内容、方法和模式，才可能真正满意。此外，对风险的承担也是利益分配的重要依据，但风险无法进行定量评价，协商才是相对有效的方式。

三、机制有效运行

由高校协同创新的构成复杂性及运行特点可以看出，各协同参与主体的利益分配并非一次性的，而是伴随协同创新进程不断调整的。高校协同创新的利益分配机制如同协同创新系统整体一样，同样需要合理的运行机制，利益分配的运行机制可从运行基础和合约保障两方面构建。

一是完善高校协同创新利益分配机制的运行基础，这可从以下三个方面进行：①制度，在高校协同创新建立之初，就应由各参与主体的主要人员研究制订系统的组织机构和治理体系，并将各主体参与协同创新的权力、责任、利益及绩效评估方式等以合约的方式加以明确。②组织，在高校协同创新平台上，在理事会和管理委员会之下设立利益分配协调机构，对各方利益诉求积极统筹，减少在利益分配中的矛盾冲突。③信任，充分的信任是各主体进行协同创新活动的重要保证，因此，各主体需建立稳固的信任关系，确保协同创新活动的持续推进。

二是加强利益分配机制的合约保障。在高校协同创新成立之初，有些合作契约并没有进行具体约定，这就导致合作契约不完备，且高校协同创新各主体在履约过程中还可能存在各种不确定性，这与创新风险及行为不确定有一定关系，这两方面的问题会造成各方履约成本增加，导致合约不能有效履行。因此，可从以下三个方面构建利益分配机制的合约保障，即自我履行机制、第三方协调机制及法律诉讼解决机制。自我履行机制是对高校协同创新参与主体自我行为的约束机制，可以使其主动放弃投机行为；第三方协调机制是对自我履行机制的补充，对于系统整体来说，能有效降低实施成本；法律诉讼解决机制作为高校协同创新系统利益分配时的非常规保障机制，只能作为最后的保障措施，毕竟其实施成本相对较高。三方面的合约保障机制相互补充、协同配合，保证高校协同创新合约中利益分配条款的有效履行。

第三章 产学合作理论基础

"产学合作"是本研究最主要的宏观背景，因此本研究首先综述了与本研究相关的产学合作理论，这些理论是本研究的立论基础。虽然"线性模式"并非产学合作理论，而是从一个侧面表达了反对产学合作的观点，但是通过从"线性模式"到"巴斯德象限"理论的综述，反映了产学合作在"二战"后重新兴起和发展的理论过程，并顺理成章地提出了 20 世纪 80 年代后随着产学合作实践深化而提出的诸如"Mode2 知识生产模式"和"三螺旋"等产学合作理论，从而展现了"产学合作理论"从无到出现再到繁荣发展的过程。

动机理论是研究教师参与产学合作的动机的理论基础，本研究重点介绍了动机理论中的自我决定理论，并综述了已有的对教师参与产学合作动机开展的理论研究，以为本研究开展实证研究提供理论基础。

第一节 产学合作相关理论

从 20 世纪 80 年代开始，随着大学技术转移、产学合作实践不断增长，探讨这些实践活动的系统性研究也在此时集中出现，包括国家创新系统（Freeman 1987；Lundvall 1992；Nelson1993）、区域创新系统（Cooke 2004），以及 Mode2 知识生产模式（Gibbonsetal.1994）、后学院科学（Ziman 2002）、创业型大学（Clark 1998；Etzkowitz 2004）、三螺旋模式（Etzkowitz&Leydesdorff 1995，1998&2000）等。本节将主要介绍与本研究相关的产学合作理论——

"Mode2 知识生产模式"和"三螺旋模式"。

一、从线性模式到巴斯德象限理论

"二战"时期，美国联邦政府与以大学为基础的科学界的合作推动了军事技术的巨大进步，为战后延续战时的有益经验继续资助科学研究活动，时任战时科学研究与发展办公室（Office of Scientific Research and Development）主任万瓦尔•布什（Vannevar Bush）受时任总统罗斯福（Franklin D.Roosevelt）委托，组织并领导撰写了《科学——没有止境的前沿》（Science : The Endless Frontier）的报告，回答了战后联邦如何对科研进行投资的问题。报告提出了对战后美国研究布局和研究资助具有深远影响的"线性模式"。首先，布什认为基础研究是对"一般知识以及自然界及其规律的认识"，因而基础研究"实际上是不可预知的"，基础研究的实施不考虑实际结果，一旦受命于不成熟的实际应用目标，就会断送它的创造力。所以，联邦政府应长期稳定地资助基础研究，并避免任何外部的干涉，要给予科学家足够的资金和自由开展基础研究（Geiger 2004 ; Stokes 1997）。其次，他认为"基础研究是技术进步的先驱"。虽然目前应让基础研究远离应用研究，但是"基础研究将被证明是技术进步的一个长远而强大的动力"。通过"线性模式"，即"基础研究引起应用研究与开发，再依据创新是一种产品还是一种工艺，转到生产或经营"，基础研究将成为技术创新的源头，对技术创新产生最根本的影响。而"一个在基础科学新知识方面依赖于他人的国家，将减缓它的工业发展速度，并在国际贸易竞争中处于劣势"（Stokes 1997）。"线性模式"在战后几十年被奉为联邦政府制定研究政策的基本原则，基础研究得到了极大的重视，美国国家基础研究的整体能力也因此迅速提升。同时，大学和其他公共研究机构的研究人员也因为得到了公共资金的资助而可以进行自由的科学探索（Rosenberg&Nelson 1994）。

这种不计回报的对基础研究的大量资助既需要联邦政府的执着意愿，也需要雄厚资产的联邦财政的支持。但是，随着冷战结束以及 20 世纪 80 年代美国经济的不景气，联邦开始缩减有关军事领域和其他基础研究领域的研究资助，大学也因此失去了一大批研究"订单"。并且，战后日本的崛起似乎让美国人看到了"基础研究并不出色的国家也可以通过技术创新获得经济的高速增长"的事实（Stokes 1997）。"线性模式"在维持了美国近三四十年的基础研究的繁荣后开始受到诸多的质疑并挑战。正如 Siokes（1997）所指出的：线性模式的"根本缺陷是：它假设科学、技术间的流动一律是单向地从科学发现流到技术创新"，而他进一步根据巴斯德的例子提出的"巴斯德象限"则对科学、技术，基础研究、应用研究之间的关系进行了更为科学的梳理，他用一个带有单元或象限的四重图来展示基础研究和应用研究之间的关系（见图 3-1）。

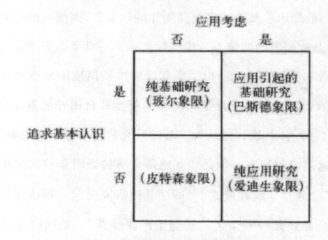

图 3-1　科学研究的象限模型

左上角的单元包含基础研究——只受认知需求的引导，不受实际应用的引导，该单元被称为"玻尔象限"：因为玻尔对原子结构模型的探索是一种纯粹的自由发现，但是这些自由发现在之后重塑了这个世界。

右下角的单元包含只由应用目的引起的研究，不寻求对某一科学领域现象的全面认识，该单元被称为"爱迪生象限"。因为爱迪生的工业研究实验室一往无前地从事具有商业性利润的电照明研究，但从不探究所发现的现象的深层次科学原理和意义。

右上角的单元包含既寻求扩展认识的边界，又受到应用目的影响的基础研究，该单元被称为"巴斯德象限"：因为巴斯德同时投入认识和应用研究，极其清楚地例证了这两个目标可以完美结合。

左下角的单元包含既不是认识目的激发的研究，也不是应用目的激发的研究，但并不是空的。这一象限包含那种系统地探索特殊现象的研究，既不考虑一般的解释目的，也不考虑其结果会有什么实际应用。而《皮特森北美鸟类指南》中的关于昆虫标记和发病率的高度系统化的研究可能是这一象限的最佳实例，或许这一象限可以称之为"皮特森象限"。（以上关于象限的解释引自 Stokes（1997）。

巴斯德象限理论启示我们，科学和技术、基础研究和应用研究之间的界限并不是清晰可辨的，它们之间也并不是唯一的线性关系，科学和技术、基础研究和应用研究融合的趋势正在日益明显。特别是"由应用研究引起的巴斯德象限"告诉我们，在大学的第三项职能不断扩展加强的今天，如果教师能够成为"巴斯德象限"的科学家，那么教师是足以承担起教学、研究和产学合作等多项职能的。

二、Mode2：知识生产的新模式

GibbonsetaL（1994）发现知识生产方式已经发生重大的变化，之前的知识生产方式是科学机构（大学、政府研究机构和产业研究实验室）内的基于学科的知识生产方式；而现在的知识生产方式在生产场所、生产方式和生产原则都变得更加多样化。为区分两种不同的知识生产方式，Gibbonsetal.（1994）将之前的生产方式称为"Mode1"知识生产模式，而新出现的知识生产模式为"Mode2"知识生产模式，并且特别强调"Mode2"是从"Mode1"演变来的，"Mode2"不是要替代"Mode1"，只是对新出现的不同于"Mode1"的知识生产方式的概括，因而两种生产方式会一直并存下去，但是"Mode2"的知识新生产方式将占据越来越主导的地位。可以通过"Mode1"和"Mode2"的比较来了解"Mode2"知识生产模式的特征。

第一，"Mode2"是应用情境中的知识生产。"Mode1"是按照某个学科操作规则进行的没有特定应用目的的知识生产，而"Mode2"则由学科、政府、产业等机构决定生产什么样的知识，因此这些知识必须对社会"有用"。

第二，"Mode2"具有跨学科性。通过采用和融合不同学科的理论和方法来解决复杂问题。虽然不是所有问题的解决都会有知识的贡献，但是一旦形成，这些在跨学科情境下得到的知识就很难再被分解到某一个特定的原有学科中（Hessels&vanLente2008）。

第三，"Mode2"具有异质性和组织多样性。主要体现为知识的生产场所不仅有传统的大学、政府研究机构和企业实验室等知识生产机构，还新出现了研究中心、智库、咨询机构、高科技衍生公司等知识生产机构。

第四，"Mode2"更加体现出对社会的责任和反思性。由于知识的生产在应用情境下被确定，也将被应用到社会环境中，研究人员会更敏感地意识到研究工作的社会责任感，并可能在研究开始前就会考虑该做哪些研究，哪些研究对社会有益。

第五，不同于"Mode1"的质量控制的新方式。"Mode1"是通过同行评议对个人的学术贡献进行评价的。而"Mode2"由于跨学科性，会涉及不同的学术学科，更由于其应用性，社会的、政治的、经济的兴趣和标准同样会成为评判"Mode2"所生产的知识的标准，因而"Mode2"的质量控制将变得更加复杂。两种模式的区别见表3-1。

表3-1 Mode1 与 Mode2 的区别

区别维度	Mode1	Mode2
生产情境	学术情境	应用情境
涉及学科	单一学科	跨学科
生产场所	同质性	异质性
生产自由度	自主性	反思性/社会责任
质量评价	同行评议	多维的质量控制

三、三螺旋理论

三螺旋理论由 Etzkowitz & Leydesdorff 两人在 20 世纪 90 年代中期提出（Etzkowitz & Leydesdorff 1995），之后以两位学者为代表（Etzkowitz 2003；Etzkowitz & Leydesdorff 2000；Leydesdorff &. Etzkowitz 2001），对三螺旋概念进行了持续的探讨和研究，进一步完善了该理论。该理论已经成为阐释"创

业型大学"和"产学合作"的重要理论之一。三螺旋理论从组织层面探讨了在冷战后大学、政府的职能出现新的变化，特别是"创业型大学"出现、大学第三项职能日益加强的背景下，大学、政府、企业如何重新审视它们之间的关系和各自的职能，以适应新的趋势和变化。该理论主要阐述了三个观点。

（1）在知识经济时代，大学在国家创新中的作用日益加强。三螺旋理论提出大学在知识经济时代应发挥更重要的作用。与 Freeman（1987），Lundvall（1992），Nelson（1993）提出的"国家创新系统"将企业作为创新的领导者，以及 Sabato&.Mackenzie（1982）提出的政府应占主导地位不同的是，三螺旋理论提出应改变对大学在国家创新体系中地位的认识。随着知识和研究对经济发展的作用日益明显，所以要将大学提高到与企业、政府在国家创新系统中同等重要的地位（Eizkowitz&Leydesdorff 2000）。

（2）从三螺旋"模式一""模式二"转变到"模式三"。在三螺旋"模式一"中（Etzkowitz&Leydesdorff 2000）.政府占据主导地位，指导大学和产业的发展，以苏联、拉丁美洲以及挪威为典型。在三螺旋"模式二"中，政府、大学、产业之间边界明确、联系松散，以瑞典为典型。在三螺旋"模式三"中，政府、大学、产业边界重叠，形成了新的混合组织（例如，衍生公司、产业联盟、政府实验室、学术研究团体等），并通过合作共同促进混合组织的发展。因而既克服了"模式一"中政府控制过严影响底层创新的问题，也克服了"模式二"中各自为政的局面，是一个理想的官产学合作模式。

（3）大学、企业、政府各自都承担了其他两个主体的部分职能。三个主体在各自内部不断提升自身能力的同时，相互影响和作用，在知识的生产、交换和使用过程中没有哪一个是绝对的领导者，三方形成螺旋上升的动态合作过程，主体的职能不断地交叉、改变、融合，各方都承担了自身原有职能外其他两个主体的部分职能。在一定条件下，大学承担了产业的一些职能，例如，通过学校的孵化器帮助创业者创办新企业；政府承担了产业的一些职能，例如，通过提供风险投资基金帮助新企业发展；企业承担了大学的一些职能，例如，开展与大学水平相当的人员培训和科学研究（Etzkowitz 2003；Leydesdorff & Etzkowitz 2001）。

第二节　动机理论

动机是心理学和组织研究中的基础性议题，是解释个体和组织行为的中心概念。oPinder（2008）认为（工作）动机是来自个人内部和外部的一系列力量，它促使个体从事与工作相关的行为，并进而决定工作的形式、方向、强度和持续性等。Latham&Pinder（2005）认为动机是个人与环境间相互交互并引导、激励和维持个体各种行为的心理过程。因而，个人动机的形成受到自身和环境的双重影响，通过分析个体动机，可以解读个体行为产生的原因以及个体与环境之间的关系。

一、自我决定理论

社会心理学家对人类的动机已有深入研究，学者普遍认为个人做出行动有不同的动机来源。20世纪早期的学者和实践家基于"员工不喜欢工作"的假设，普遍相信外部控制、激励、惩罚、奖励等是保证员工持久高效工作的关键举措（Grant 2008）。但随后这种假设被逐渐摒弃，学者们开始认为工作本身也可以为员工带来兴趣和愉悦（Herzberg 1966）。Deci&Ryan（2000），Ryan&Deci（2000）提出的"自我决定理论"（self-determination theory）就是其中的代表性理论。该理论认为动机是"外部规范过程"与"内部个人自主性与自我决定的心理需求"之间相互作用的结果，当人们认为行动会带来期盼的结果时就会行动（Lam 2011）。"自我决定理论"为研究人类动机的多面性以及动机与社会价值和规范间的关系提供了新的方向。

理解"自我决定理论"，可以从以下三个方面加以把握。

（一）人类行为的三种动机：内部动机、外部动机和无动机

"自我决定理论"根据人们采取行动的不同理由提出了人类行动的三种不同动机：内部动机（intrinsic motivation）、外部动机（extrinsic motivation）和无动机（amotivation）。

内部动机是指人们基于对某行为本身的兴趣和乐趣而行动的意愿，外部动机是指人们基于某行为带来的利益而行动的意愿，无动机是指人们对某行为没有行动的意愿（Ryan&Deci 2000）。因而，人们由内部动机驱使的行动是为达成内心的愉悦、满足自己的好奇心、享受自我挑战的感觉等，而不是期望该行动带来的任何结果或利益；相反地，由外部动机驱使的行动则恰恰是为了这些结果和利益，可能是为了提升荣誉、奖励、声望，也可能是为了逃避或缓解外在压力（Deci&.Ryan 2000）。例如，一个学生花许多时间学习数学是因为他对数学感兴趣，通过解题可以带来内心的愉悦，而不是为了获得高分，这个动机就是内部驱动的；如果他学习数学只是为了获得高分或者逃避父母的惩罚，这个动机就是外部驱使的。

（二）自主性动机与控制性动机

理解内部动机和外部动机间的关系，首先要理解自主性动机（autonomous motivation）和控制性动机（controlled motivation）之间的差异。自主性动机是指个人对行为的选择具有自我决断力和自主选择权；控制性动机则是指人们出于外在的压力和控制而去实施某项行动（Gagne&Deci2005）。"自我决定理论"认为，由于外部管理过程和个人经验的差异，个体的自主性动机和控制性动机会出现此消彼长的变化，从而形成一个从无动机发展到外部动机再发展到内部动机的"动机连续体"（Gagne&Deci 2005）。显然，内部动机具有完全的自主

性动机特征并完全不具有控制性特征，因为内部动机驱动的行动完全是出于个人内心的自主决定做出的选择；无动机不具有自主性特征和控制性特征；而外部动机则介于两者之间，同时具备自主性动机和控制性动机特征，并根据自主性动机和控制性动机的变化，表现出了外在调节型（externalregulation）、摄入调节型（introjection）、认同调节型（identification）和整合调节型（integration）四种不同的外部动机类型（Deci&Ryan 2000）。

（三）外部动机转化为内部动机

根据自主性动机和控制性动机动态转变的特点，可以认为外部动机可以转化为内部动机，即将外部价值观内化为自身认同的价值观，一旦发生，那么这些外部动机驱动的行为就转变为内部动机驱动的行为，或者说这些行为是完全由自主性动机决定的，而不再是外部奖励或惩罚等动力或压力驱使下决定的（Deci8>.Ryan2000；RyanDeci2000；Thursby，Jensen&.Thursby2001）。那么，在哪些条件下外部动机可以转化为内部动机呢？ DeciRyan（2000），Ryan&.Deci（2000）给出了三个重要的因素。①关系支持。研究发现，当个人的家人、朋友或同事等认同并鼓励其完成某行为时，他就更可能实施该行为，并将该行为的准则、价值观等内化。②胜任力。当人们感受到自己拥有实施某个行为的相关技能以及知道如何成功实现该行为的目标时，他们更可能做出实施该行为的自主决定。③自主性。当人们需要完全内化某项行为规则，进而完全自主性地行动，必须得使他们深入认识行动的意义和价值，并且感受到采取行动是基于自主选择的。总之，自我决定理论认为人们需要在满足三个心理需求——关系支持、胜任力和自主性的前提下，才能内化相关行为规则和价值观，从而在行动选择时表现出完全的自主性。因此，为人们创造满足其心理需求的外部环境，有利于促进外部动机转变为内部动机（Dcci & Ryan 2000）。

二、教师参与产学合作动机的理论研究

教师参与产学合作受到内部动机和外部动机等因素的影响。Stephan 及 Levin（1992）提出对教师参与产学合作的奖励分为荣誉（ribbon）、经济报酬（gold）和解疑的愉悦（puzzle）三类。根据动机理论，荣誉和经济报酬属于外部动机因素，解疑的愉悦属于内部动机因素。

教师参与产学合作的第一类动机即为科学荣誉的动机，这一动机源自传统科学研究的"默顿体系"。Merton（1957）认为科学共同体有其自身独特的奖励系统，即对创造科学知识做出原创贡献的杰出科学家给予同行间的认同和尊重。所以，在这样的奖励系统下，科学家进行研究的动机主要是获得同行的认同和科学声誉（G6ktepe~Huken&.Mahagaonkar2010）。因此，在这种模式下，科学家主要是受外在因素——同行的认同和荣誉驱使而开展研究的，完全不同于资本系统的市场交易规则。这种认同和声誉则主要通过知识创造和发现的优先性来获得，并以公开发表研究成果作为获取发表优先性的主要形式。因此，这类动机属于限于获取学术荣誉和声誉的"科学荣誉"外部动机。

Hagstrom（1975）发现，除了科学荣誉，内部动机对科学家从事研究的推动也不容忽视。Cotgrove（1970），Eiduson（1962）就认为，探索并解决各类科学难题是科学家从事科学研究的最主要期望。科学家可以从具有挑战性和创造性的科学研究中实现内心的满足和乐趣（Lam2011），这些与同行和世人的评价和尊重无关，更与研究的经济利益无关（Audrctsch & Stephan 2002），而解决科学难题本身就成为对科学家的奖励（Hagstrom 1975）。

Levin & Stephan（1991），Stephan & Everhart（1998）认为科学家与一般的经济人一样，对金钱同样感兴趣，经济收入激励科学家参与产学合作的作用不应该被弱化，这些经济收入可能包括期权、股权、咨询费、工资和许可合同等。因此，政府和大学广泛使用经济激励政策，通过衡量教师文章数量、被引

用率以及其他对科学知识的贡献进行奖励，鼓励教师发表更多、更高质量的文章（Franzcmi，Scellato & Stephan 2011）。

第四章 产学合作的技术转移转化

在当前世界各国抢占科技创新制高点、实施创新驱动发展战略的背景下，技术转移转化工作仍面临较大挑战，还没有很好地解决"科技与经济两张皮"的问题，问题主要是技术转移存在障碍和约束，技术转化缺少服务支撑，对科技成果发明人的创造性劳动价值有所忽视，造成技术转移转化的效率过低的结果。

第一节 技术转移转化的现状与趋势

一、高校院所技术转移的现状

公平的市场竞争机制和适度宽松的知识产权制度是促进科技成果生产和转移的根本制度，美国早在 1890 年就出台了《谢尔曼反托拉斯法》，我国在 2008 年 8 月 1 日正式实施《中华人民共和国反垄断法》，用以保障公平竞争的市场机制。自从兼具教育与研究双重职能的现代大学制度建立以来，政府资助的高校、科研院所研发的科技成果越发得到重视，技术转移遇到一系列的新问题和新挑战。

第一，国家创新体系建设日益完善，知识经济迅猛发展，世界各国积极建立、完善促进技术有效流动的制度体系。近年来随着国家创新体系建设的逐步完善，美国学者埃兹科维茨教授指出政府、企业、高校在推动创新过程中在不同发展阶段分别起到了主导作用，如何进一步促进高校、科研院所的技术转移成为社会关注的研究重点。

一是建立促进技术跨组织流动的法律。截至 1980 年，美国联邦政府持有近 2.8 万项专利，但只有不到 5% 的专利技术被转移到工业界进行商业化。1980 年美国国会通过了《拜杜法案》，在《拜杜法案》制定之前，由政府资助的科研项目产生的专利权一直由政府拥有，复杂的审批程序导致政府资助项目的专利技术很少向私人部门转移。我国高校技术转移率一直较低，技术转移制度的缺失成为"科技、经济两张皮"问题的主要症状所在。2015 年修订完成的《中华人民共和国促进科技成果转化法》是促进技术转移的一支强心剂，不低于 50% 的技术成果转让收入归发明人所有的政策激励远远大于美国联邦技术转移法规（美国联邦实验室可以从技术转移收入中提取不低于 15% 的比例奖励发明人，但不能超过 15 万美元，如果超过需要美国总统批准）。相关研究表明，过度的技术商业化导向有可能破坏重大原创性科技成果的技术研发体系，美国贝尔实验室的衰落正是此类典型案例，因此加快建立、完善、促进技术转移转化的体制机制是落实好该法案的关键所在。

二是完善加快技术转移的制度。日本在第二次世界大战之后为了重塑国民经济，在政府扶持下积极开展产学研合作研究，有目的性地在科研项目申报评选中提高企业参与度的权重指数，不仅使得研发活动紧密对接市场需求，研发经费得到补充保障，同时加快实现了技术向企业转移。日本在 2000 年制定了《产业技术力强化法》，在大学设立技术转移机构，建立加快尖端科技领域产学合作新制度，鼓励企业长期委托国立大学进行研究开发，并研究制定了促进产学合作的税收制度。与此同时，探索建立多元化的技术转移方式，包括技术转让、技术许可、技术作价入股等，进一步提高了技术转移效率。我国近年来也建立了较为完善的技术转移制度，然而受制于职务发明类科技成果管理制度的约束，还没有建立完善以技术转移转化作为科研评价指标的激励制度，技术转移效率仍远落后于欧美以及日本等国家。

第二，中介服务组织在促进技术转移过程中发挥了关键基础作用，推动技术转移组织体系的研究与建设。一方面，技术转移是发生在组织间的权益变更，尤其是高校、科研院所和企业这类异质性组织间的流动，技术转移过程中的不对称性所衍生的商业价值，催生了一批企业化运作的知识产权运营服务公司，促进了技术的转移，例如德国的史太白技术转移中心拥有 1000 多名员工、年收入过亿欧元；另一方面，技术自身的专有性价值又刺激一些知识产权运营公司从知识产权诉讼中谋取利益，例如美国"专利巨头"高智公司（Intellectual Ventures）的发展一直充满着争议，从一定程度上讲反而制约了技术创新活动。如何规范和引导知识产权运营服务行业的发展，也是当前面临的重要问题。除此之外，高校内部也建立了专门的技术转移管理机构，例如美国高校的技术许可办公室（Office of Technology License，OTL）、技术转移办公室（Technology Transfer Office，TTO）等，这些组织机构在促进高校技术转移方面发挥了重要作用，将技术转移收入在学校、个人、管理机构三者之间建立了均衡的利益分配机制。在英国等欧洲国家，高校直接将技术转移机构以企业化形式运作，例如牛津大学的 Isis Innovation、英国帝国理工大学的创新中心等。我国许多高校也成立了技术转移管理机构，但没有建立起市场化运营机制，加之知识产权运营服务行业发展滞后，没有很好地发挥中介服务组织在促进技术转移方面的作用。

二、高校院所技术转化的现状

企业作为创新主体，在技术转化过程中发挥着基础性作用。技术转化过程遵循技术创新的基本规律，需要一定的资源投入和组织保障，存在较高的风险和不确定性，例如一项基础型科技成果的转化一般需要 5 到 10 年时间。因此，政府在促进科技成果转化中同样发挥着重要作用，支持和鼓励产学合作、企业间合作，建立并完善鼓励技术创新的体系。

第一，发挥中小企业在技术转化中的生力军作用，建立完善包容失败、激励创新的政策体系，推动促进技术转化的制度建设。1982 年美国国会通过了《小企业创新发展法》，后续又配套出台了一系列法规，鼓励中小企业提高技术水平、加大创新力度、推进技术创新成果的转化。对企业技术创新活动进行专项补贴，在政府支持下为中小企业提供低息贷款，建立了完整的企业信用担保体系，并在企业所得税、风险投资税收等方面提供优惠政策。更为重要的是，美国、欧洲等国家和地区建立了人才流动机制，高校、科研院所的人员可以到企业兼职，并从事企业经营活动，这进一步提高了科技成果的转化效益。近年来，我国也陆续出台了鼓励企业技术创新和产学合作的激励政策，然而在政策体系设计上还有一些缺陷，例如没有很好地建立起支持中小企业发展的金融服务体系，鼓励科研人员创业的政策在本质上也没有解决提高创新能力的问题。

第二，创新技术转化的体制，加强技术转化的载体建设。为了进一步加快技术转化、鼓励和支持企业技术中心建设，以市场化机制建立技术研究转化平台。

提高企业技术能力建设是促进技术转化的最直接方式，政府支持一批行业领军企业建立研发中心、实验室，大大提高了技术转化效率，例如美国贝尔实验室早期就是建立在美国电话电报公司内。在我国，建立校办企业曾被认为是促进高校技术转化的有效方式，但在体制上还没有充分与市场接轨，导致成功的校办企业寥寥无几。改革传统科研机构，建立从技术研发到转化应用的新型科研体制，以企业化形式和市场机制运营技术研究转化平台，例如新加坡科技研究局、香港应用科技研究院等。与此同时，为了加强技术转化过程中的信息交流与中介服务，形成促进技术转化的有机载体，在产业集聚区、高校周边自发形成或者设计建立了一批科技园，例如美国硅谷、剑桥科技园、台湾新竹科技园、北京中关村等。

第三，推动政产学研协同创新，构筑促进技术转化的生态体系。政产学研协同创新是实现创新资源优化配置、促进技术有效转化的关键举措，在政府支持下建立产学研深度合作的技术转化促进联盟是一条重要路径。例如，2001 年日本经济产业省实施了产业群推进计划，共有 200 多所大学和 4000 多家企业参加，建立了 19 个产业群；2002 年日本文部省又在 12 个地区建立了有风险企业参加的，以大学和国立研究机构为中心的技术创新基地；美国 Hollings 制造业延伸伙伴计划（MEP）是一个非营利性的全国性计划，由商务部的国家标准和技术研究所牵头实施，在联邦政府、州和地方政府以及私营部门之间建立伙伴关系，为中小型美国制造企业提供技术支持和其他服务，以提升其开发新客户、扩展到新市场以及创造新产品等能力。除此之外，服务企业技术创新活动的中介组织也是推动技术转化的重要因素，其中天使基金、创投基金发挥着非常关键的作用。有学者将美国硅谷所取得的巨大成功较多地归因于天使基金和创投基金，曾经有 300 多家基金公司落地在硅谷，这些基金公司极大地推动了中小企业的发展。反观国内，行业联盟性质的产学研协同创新组织尚没有建立完善，能够包容失败的天使基金也没有发展成熟，促进技术转化的生态体系仍需完善。

三、技术转移转化的发展趋势

技术转移转化既要遵循技术创新的基本规律，也要深刻理解技术的重要特征。总的来说，随着科技进步与社会发展，技术自身呈现三大特点。第一，技术的多元性。随着国家技术创新体系的建立完善，已经形成了从基础研究、应用研究到产品开发的完整的科技研发链条，一方面，技术包含基础型技术、应用型技术、商业型技术等不同类型；另一方面，技术的拥有主体也分为高校、科研院所、企业等不同性质的组织。宏观来看，不同类型的技术的结构特征，不仅与社会经济发展的层次水平有关，也与国家和地区所实施的经济发展模式相关。第二，技术的复合性。随着科学技术的进步，技术交叉融合发展的趋势越发明显，单独一项技术很难体现出较高的社会经济价值，需要形成技术的集合或者与其他类型的技术相融合。第三，技术的泛在性。技术的泛在性，一方面指信息技术的发展以及完整信息披露制度使得技术信息能够及时获得，经济活动的全球化促进了技术领域的国际合作和跨国流动；另一方面，随着教育的发展，社会的资本水平得到显著提升，在促进技术转化的政策保障下个体和团队的创造性得到充分激发，全员创新已经成为不可忽视的创新活动发展趋势。

结合技术的多元性、复合性、泛在性等特征，纵观当前促进技术转移转化的探索实践，技术转移转化机制体现了体系化、专业化、网络化三大发展趋势。

促进技术转移转化的制度体系化。不同类型技术的转移转化，以及技术在不同组织间的转移转化，是一个复杂系统性工程，涵盖了技术转移管理制度、产学研合作政策、技术创新激励政策等方面，加强政策制度的顶层设计和系统化设计成为促进技术转移转化的重要趋势，尤其是近年来国内外出台了一系列有关推动创新的发展计划、行动方案、政策法规，这些都体现了建立完善促进技术转移转化的体系化制度非常重要。

促进技术转移转化的组织专业化。技术转移转化工作不仅涉及技术本身的知识，还涉及技术商业化的复合型知识，是一项专门性工作，须专业人才和专业机构来做。近年来，一批知识产权运营服务公司、技术转移中介机构孕育而生，呈现了繁荣发展的态势。然而，我国有关促进技术转移转化的中介组织发展相对滞后，缺乏市场化机制成熟的知识产权运营、技术转移、科技担保、创投等中介服务组织，更缺乏技术转移转化的专业人才。

促进技术转移转化的平台网络化。技术转移机构、科技园区、创客空间等为纽带和载体的技术转移转化平台，加强了信息交流、产学研合作、政策集成，有效推动了技术转移转化。技术的泛在性，推动着技术跨组织、跨行业、跨地域的转移转化，技术转移转化的平台呈现了网络化发展趋势，例如美国的 MEP 计划，建立了网络化的合作组织，以及 Kickstarter、YET2 等网络型技术转移转化平台；国内也建立了一批技术交易市场、知识产权交易中心，促进技术的转移转化。技术转移转化的核心是实现增值性的交易，构筑多主体、多层次有效联结的技术转移转化的交易平台，是有力促进技术转移转化的一项重要举措。研究和把握好该发展趋势，将大大提升技术转移转化效率。

推动基于创新的创业范式（entrepreneurship based on innovation，EBI）正成为实施"大众创业、万众创新"的重要方向，技术作为创新驱动发展战略的核心要素，越发得到重视。2015 年 6 月国务院颁布了《关于大力推进大众创业万众创新若干政策措施的意见》，其本质是为解决社会经济发展的动力问题，关键是全面激发创新创业活力，核心是实现从要素驱动、投资驱动向创新驱动的转型。2015 年，国家新兴产业创投计划累计支持设立 206 家创业投资企业，资金总规模 557 亿元，投资创业企业 1233 家。各地加快推进各类科技园、孵化器、创客空间的建设，为科技型和创新型企业给予财税、金融等方面的优惠政策，为创新创业营造良好环境。创业是方式、创新是内涵，基于创新的创业范式（EBI）是实施"大众创业、万众创新"的重要路径，也是加快技术转移转化的体制机制改革方向。知识产权作为技术产权化的产物，其管理工作越发得到重视。2015 年 12 月国务院发布了《关于新形势下加快知识产权强国建设的若干意见》，指出"到 2020 年，在知识产权重要领域和关键环节改革上取得决定性成果，知识产权授权确权和执法保护体系进一步完善，基本形成权界清晰、分工合理、责权一致、运转高效、法治保障的知识产权体制机制，知识产权创造、运用、保护、管理和服务能力大幅提升，创新创业环境进一步优化，逐步形成产业参与国际竞争的知识产权新优势"。

第二节　产学合作技术转移体系

技术转移管理的组织体系一般是设立在学校内部的相关部门，或者是与学校关联或者合作的相应机构。从世界各国高校院所的案例比较分析来看，其运行的机制并不一样，但一般都会包含科技成果交易的制度设计与管理、科技成果对接服务、科技成果转移管理等机构。

斯坦福大学于 1970 年成立了技术许可办公室（OTL），帮助师生把科技成果转化为有形产品并为社会造福，为发明者和校方带来收入、回报，进一步支持大学的自由研究和教育。需要强调的是，大学开展技术转移工作是带有公益服务属性的，技术转移不是大学获取科研经费的主要目的。OTL 的组织架构（见图 4-1）在校内接受分管研究的副教务长的领导，OTL 主任直接向其报告工作。校方除要求 OTL 能够自行维持运转外，并不对其要求每年的收入目标，在财务、人事、职权等方面保持独立性。当技术商业化成功后，OTL 从企业获得版税或转让金。技术转移成功后，15% 的特许权使用费用于维持 OTL 的运营和缴纳专利申请费等，结余部分放入 OTL 的研究激励基金，保证技术转移工作的良性循环和可持续发展。技术转移收入的另外 85% 的分配原则是：发明者、所在系、所在学院各占 1/3，给予发明人的分享比例通常更高；分配给院、系的特许权使用费主要通过研究基金和奖学金基金的形式用于研究和教育。《斯坦福大学 2015 年度报告》（Stanford Facts 2015）显示，在 2013—2014 财政年度，斯坦福大学 OTL 从 655 项技术转移中收到了总值超过 1.086 亿美元的特许权使用费收入，获得了 106 个新的许可证，其中，40 项发明创造了 10 万美元甚至更多的特许权使用费，6 项发明创造了 100 万美元甚至更多的特许权使用费。

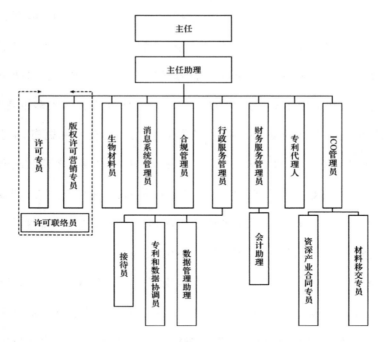

图 4-1 斯坦福大学 OTL 组织架构

1987 年剑桥大学圣约翰学院仿效美国经验，设立了商业孵化器——圣约翰创新中心（St John's Innovation Centre，SJIC）。这是全英和全欧洲第一个商业孵化器，全球知名的大数据企业、全球企业级搜索的领头羊 Autonomy 公司就是该中心孵化出的企业。进入 21 世纪，剑桥大学技术转移和商业化以美国斯坦福大学、麻省理工学院为榜样，在吸收美国经验的同时，还根据剑桥大学实际大胆创新。2006 年，时任剑桥大学校长、曾担任美国耶鲁大学教务长的艾莉森·理查德（Alison Richard）女士聘请了技术转移专家、曾担任美国普度大学技术转移机构副主任、芝加哥大学副校长的特里·威利（Teri Willey）女士负责剑桥大学的技术转移和商业化工作。特里·威利上任后随即组建了全新的技术转移和商业化专门机构——剑桥企业有限公司（Cambridge Enterprise Limited），并担任首席执行官。剑桥企业有限公司是剑桥大学全资子公司，专门负责将剑桥大学的科研成果推向市场。

日本为了解决高校院所的技术转移效率问题，于 1998 年制定并实施了《促进大学等机构的技术研究成果向民间企业转移法》，目的是设立 TLO（Technology Licensing Organization，技术转移机构），与高校和科研机构合作，提高专利的转化和实施率等。这些 TLO 机构的工作场所虽然大多设在大学校园或科研机构院内，但大多以独立法人的形式存在，其资本和财务均是独立的，到 2016 年 8 月被承认的 TLO 有 37 家。这 37 多家 TLO 中，经营状况参差不齐，其中以东京大学 TLO、关西 TLO、东北 Techno Arch 这三家经营状况最佳。以关西 TLO 为例，该机构不仅承担了位于关西地区的大学的技术转移等工作，还处理包括远离关西地区的九州大学等高校的委托业务。

清华大学在国内率先成立了"成果与知识产权办公室（Office of Technology Licensing，下称 OTL）"，列入学校行政部门序列（副处级），OTL 是学校知识产权管理领导小组的日常办事机构。OTL 领导小组由学校主管科研、产业和校地合作的校领导，以及技术转移研究院、资产处、科研院等多部门领导组成，统筹领导学校知识产权和技术转移工作（见图 4-2）。浙江大学依托"市场特性的科技园、直属单位的工研院、专业特色的技术转移中心"三位一体的组织架构，管理全国 9 个工研院分院、5 个科技园分园区、98 个技术转移分中心，并统筹推进学校"十三五"期间重点工作"学校科技成果转化基地——紫金众创小镇"建设，初步构建了高效的科技成果转移转化体系，服务于国家和区域发展战略。

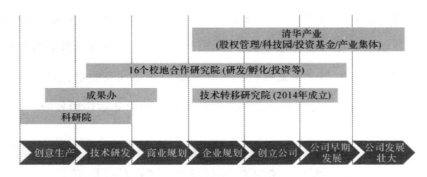

图 4-2　清华大学技术转移的管理机构与创新价值链

技术转移管理机构一般是由制度管理层、管理执行层、衍生服务层等三级结构组成。制度管理层，主要是由学校领导，以及相关部门负责人组成，负责科技成果转移管理办法的制定、政策的设计，以及制度实施情况的监督反馈工作；管理执行层一般是设立在高校院所内部的执行机构，例如技术转移办公室、科技成果转化办公室等等；衍生服务层是服务于科技成果转移的运营服务机构，可以是设立在校内的相应机构，也可以是与高校院所直接关联的机构或公司。

由于高校院所所处的市场环境不一样，加之不同高校院所开展技术转移工作的形式不一样，在管理执行层和衍生服务层上存在一定的差异。我国高校院所往往是通过设立不同的机构或通过外部合作，将两者功能进行分离，例如，浙江大学工业技术转化研究院承担了管理执行层的功能，浙江大学技术转移中心承担了衍生服务层的功能；英国的高校通过直接设立企业，把知识产权交由旗下的企业进行市场化转移，将管理执行层和衍生服务层的职能进行了整合；美国的高校也是把两者的功能结合在一起，但采取的形式往往是设立在学校内部的机构，例如，斯坦福OTL办公室是专业化水平很高的运营管理团队，可以就专利技术的商业化价值做出评估，并决定是否申请专利并进行技术转移推广；日本政府非常重视技术转移工作，技术转移机构是由政府成立的专业机构，不隶属于特定某家高校院所，可以为多所大学、科研院所提供技术转移服务；以色列在高校系统建立了7个技术转移机构，集中于将先进的科技成果推向市场，与此同时许多高校都成立了全资技术转移公司来负责学校科技成果的商业化，这些公司制定了高度市场化运作的技术转化流程，保证筛选出具有较高转化价值的科技成果，通过制度保证高校技术转化高成功率和高收益，并保证科学家全心投入技术研发获得稳定收益，不必因技术转化的商业运作而分心。

第三节　产学合作技术转化体系

技术转化服务体系的构建是一项系统工程，主要包括结构建设和平台建设，结构建设又包括主体建设和网络建设。完善的技术转化服务体系起码应该具备以下服务功能。其一，技术信息服务、咨询、评估和中介服务功能。这一功能体现为降低交易成本和机会成本，为实现技术的经济价值、提高技术交易成功率提供良好的外部环境。其二，技术的工程化服务功能。该功能体现为解决行业领域中具有共性的难点、重点技术的成熟配套问题，提高技术的成熟度，使其能够直接应用于生产领域。其三，孵化功能。本功能体现为降低高技术中小企业和企业家的创业风险，向社会源源不断地提供成熟的中小型高技术企业和企业家。技术转化服务的内涵外延可以无限放大，必须界定一个清晰的概念边界，否则将技术转移转化放在一起进行研究就没有意义了。

技术转移主要指或者是特指大学、科研院所的技术转移，由企业这一创新主体去实施转化。从该角度去理解和定义技术转化服务体系，是指在企业和大学、科研院所之间所建立的直接联结的体系，这种联结体系促进了技术的生产、转移、转化等过程融合发展，加快了技术转移效率和激发技术的持续产生。

技术转化服务体系所建立的这种联结体系，既包括了制度联结，又包括了结构联结。无论哪种联结方式，其本质是推动了技术产出、技术转移与技术转化三者之间的过程融合，加快了技术转移转化效率。

第一，促进技术转化的制度联结，提供技术转化的运营服务。其实质是建立促进产学研合作的关系，提供产学研合作进行技术转移转化的运营服务，例如提供信息服务的中介机构、提供产学研合作联系的行业技术联盟等等，其特点是主要推动了技术产出和技术转移这两个过程的融合。第二，促进技术转化的结构联结，提供技术转化的孵化服务。这种结构联结，一种是搭建了促进产学研合作技术转化的载体平台，例如大学科技园、地方研究院等；另一种是服务于技术转化落地的服务机构，例如校办产业、创投机构等，其特点是推动了技术转移和技术转化这两个过程的融合。

一、技术转化的运营服务

1998 年德国非营利公益组织——史太白经济促进基金会成立史太白技术转移公司，负责技术转移中心的管理和市场化运作。为培养更多技术转移专业人才，同年在柏林创办史太白大学。自 2005 年起，史太白技术转移公司的业务由单纯的技术转移拓展至咨询、研发等领域，并为此设立了多家咨询中心和研究中心。2011 年，史太白共有 855 家技术转移、咨询和研究中心，销售额由 1983 年的 235 万欧元增至 1.34 亿欧元，雇用了 1462 名正式员工、3631 名合同工和 697 名教授。史太白为技术的供需之间搭建了桥梁，每年完成 5000 多个技术转移项目，主要集中在汽车、机械制造、航空航天、能源和环境等德国优势产业。按照转移中心年度总销售额 10 亿欧元测算，史太白每年至少创造和保障了 1 万个就业岗位。

以色列科技比较发达，它是世界上科技人员比例最高的国家，每万人中有 140 名科技人员。高技术产业占工业产品的 50% 以上，高技术产品出口占工业出口的 50% 以上。以色列也是世界上最早成立技术转移机构的国家之一，每一所以色列大学、科研院所都有其技术转移机构，这些机构是公司化运作的实体。以色列成立了技术转移组织联盟（ITTN），这个组织由 12 家技术转移机构组成。

Yeda 研究与开发公司是魏茨曼科学院的技术中介公司，成立于 1958 年，魏茨曼科学院是以色列最小的大学，这所大学只颁发硕士和博士学位，但是，它的专利收入却位列世界前五位。以色列理工学院技术转移公司（T3）是以色列理工学院的技术转移公司，2009 年 T3 对外发布了 107 项以色列理工学院发明技术，90 项递交或准备递交专利申请，有 24 项获得专利许可，其中排在前三位的种类分别是电子工程、药学、化学。2008 年以色列理工学院投入科研经费约 6250 万美元，通过技术许可获得的收入却高达 7194 万美元。

国内的技术转化服务机构起步较晚，近年来涌现出一些市场化运营的公司，例如，成立于 2014 年上海迈坦信息科技有限公司，凭借技术资源及服务网络，快速、精准地为企业匹配合适的技术研发团队及技术解决方案；上海晓家网络科技有限公司是 2015 年 9 月份成立的一家互联网公司，位于上海浦东，致力于为用户提供高质量的企业知识问答服务，公司主要产品是"大牛家"，包括 Web 版和 App；"科学家在线"于 2016 年 6 月正式上线，由清华 - 哈佛创业团队创建，平台通过线上平台与分布在全国的线下站点渠道，为科研人员提供科研工具、实现技术转化，帮助企业对接技术专家、解决技术难题。

随着这么多年来产学研合作实践的推动深化，校企联合研发中心、联合实验室等传统的产学研合作促进科技成果转化的运营服务方式也已经发展成熟，涌现了很多产学研合作促进科技成果转化的成功案例。其中，关键因素是企业对大学、科研院所等外部科技资源的整理运用能力，以及自身的技术消化能力，提高这些能力才能有效提升企业技术创新水平。在政府的积极推动下，行业技术联盟也在对接产学研合作项目，联合攻关核心技术，促进科技成果转化方面发挥了积极作用。《关于推动产业技术创新战略联盟构建的指导意见》（国科发政〔2008〕770 号）中指出，产业技术创新战略联盟是市场经济条件下产学研结合的新型技术创新组织，有利于提高产学研结合的组织化程度，在战略层面建立持续稳定、有法律保障的合作关系；有利于整合产业技术创新资源，引导创新要素向优势企业集聚；有利于保障科研与生产紧密衔接，实现创新成果的快速产业化；有利于促进技术集成创新，推动产业结构优化升级，提升产业核心竞争力。

比较国内外在技术转化运营服务体系上的差异，主要是在技术转化服务中介机构的发展情况上。通过典型案例比较分析，可以发现国外的技术转化服务中介机构往往依附于大学、科研院所，或者是在政府的支持下有效整合利用了高校院所资源，并且是高度市场化运作的公司机构。例如，日本高度重视科技中介机构在技术转化中的载体作用，他们的科技中介服务体系比较健全，其主要由日本产业技术振兴会、促进专利转化中心、大学专利技术转让促进中心、新技术开发实业集团、中小企业事业集团等构成，是促进技术转化和产业化的重要推动力量。科技中介服务体系的基本运作模式主要为：通过中介机构对重大战略性基础技术实行委托开发，将新技术的开发以"委托"的形式交给企业，技术所有者从中介机构获得技术使用费，企业将技术产业化或商业化后，从利润或销售收入中提取偿还金。根据《大学技术转让促进法》第六条的规定，由经济产业省管理产业基础巩固基金。产业基础巩固基金对同一TLO的资助，每年最高可达3000万日元，产业基础巩固基金2000年度用于TLO事业的资助预算为4.2亿日元，2001年增加到5亿日元。2002年，经济产业省有关TLO事业的各种资助预算达25亿日元，特别是新增了对TLO与企业合作将大学的科研成果进行实用化的研究开发予以资助的项目。

这样的发展路径，是与我国的情况不一样的。一方面，国内高校院所虽然建立了技术转移服务机构，但更多的是扮演"管理者"的角色，没有充分发挥好市场化"运营者"的作用，作为设立在单位内部的职能机构，缺乏市场化运作的机制；另一方面，近年来市场上涌现出来的技术转移服务机构，在高校院所技术转化运营服务上缺乏与大学、科研院所的紧密联结，技术信息的沟通不够充分和全面，专业化人才队伍严重不足，导致了技术转化运营服务水平偏低。

以山东省为例，省内注册开展技术运营服务的机构有 60 家左右，但能够正常开展技术运营业务的只有 2 家，且这两家只是开展技术合同为主的研发外包服务。

二、技术转化的孵化服务

技术转化的孵化服务是高度市场化的体系，其主要是实现技术转移和转化的过程相融合，通过载体建设、技术孵化等手段直接促进科技成果转移转化，主要包括孵化器载体、面向产学研合作的研究院、校办产业、创投等形式。随着我国产学研合作的深化和市场经济的发展，在科技部、教育部联合推动下，大学科技园、众创空间等孵化器建设取得了显著成绩，国内很多高校院所也在积极探索、推进面向科技成果转化的地方研究院建设，高校院所下属的产业平台公司也在促进科技成果转移转化方面发挥了积极作用。除此之外，创投机构在促进技术转化方面发挥着举足轻重的作用，硅谷的成功，一定意义上归于集聚在硅谷的数百家创投基金。创投基金的出现，使得科技成果转化的风险得到了市场的包容与承载，大量的可能存在商业价值的科技成果就有了"试错机会"，涌现了一大批科技型企业。需要注意的是，政府主导下的创投基金与天使投资人发起的创投基金在运作机制上存在较大差异，对风险的偏好和对科技成果项目的评判标准差异较大。

三、面向产学合作的大学科技园

1951 年，斯坦福大学创办了世界上第一个大学科技园——斯坦福研究园，随着第二次世界大战后美国经济的崛起逐步发展成为世界著名的"硅谷"，在促进斯坦福大学发展和集成电路领域的创新成果产业化方面都发挥了极为重要的作用，而硅谷的兴起在很大程度上是靠斯坦福大学多方位的支持。欧洲的大学科技园起步略晚于美国，1972 年英国在赫里奥瓦特大学建立了英国第一个大学科技园，1975 年英国剑桥大学建立了世界著名的剑桥科技园；德国的起步晚于英国，在 1983 年依托柏林工业大学建立了"西柏林革新与创新中心"，这是德国第一个大学科技园。在国内，1988 年东北大学借鉴斯坦福大学科技园模式，建立了我国第一个大学科技园。1992——1993 年，上海工业大学、哈尔滨工业大学、北京大学、清华大学相继建立了大学科技园。1995 年，科技部和教育部启动了国家大学科技园建设计划，确定了 15 个大学科技园作为国家大学科技园建设试点单位。

目前，全世界范围已建成的各类大学科技园有数千家，其中 80% 以上的大学科技园位于发达国家或地区，美国、英国、法国、德国、日本、韩国、印度、加拿大、新加坡等国家和地区纷纷建立了适合本国国情和特色的大学科技园。以德国为例，拥有 300 多个科技园和孵化器，院内各类企业超过 1 万家、员工人数逾 50 万人，入园企业的孵化成功率超过 90%。斯坦福大学周边的硅谷，近年来累计共创办了 4 万多家公司，创造了 540 万个工作机会，斯坦福大学校友所创办的公司年营业收入超过 2.7 万亿美元；波士顿 128 公路作为大学科技园的发展典范，累计共创办了 2.58 万家企业，创造了 350 万个就业岗位；麻省理工学院的校友所创企业年营业收入超过 2 万亿美元。

从当前国内的科技园发展历程来看，也出现了二元型发展模式。一个是偏向小空间或特定物理空间的专业孵化器模式，例如众创空间、创业咖啡、创业工场等等。这些小型的专业孵化器，为入驻孵化器的企业提供了更为精细、专业的辅导服务，包括企业工商注册、人力资源、财务管理，以及帮助企业融资的金融服务。举例来说，绿城服务集团作为国内一家物业服务集团，服务了国内逾 300 个特色小镇、科技园区。在香港上市之后，集团设立了科技产业服务公司，着力打造为园区、小镇内企业提供专业化运营服务的平台，设计开发了企业非核心业务外包的运营服务体系。另一个是融合产业、商业、生活、环境等功能为一体的产城融合模式，例如特色小镇、科技城等等。在这方面国内也有很好的探索，例如中关村科技园，已经实现了从"园"到"城"的发展转变，还有很多例如华夏幸福、天安数码、浙大网新等等市场化公司，都在推进产城融合的项目开发，在较大的物理空间内整合创新创业资源。但是，在"造城运动"下，其中不容忽视的是房地产逻辑对产城融合项目所造成的干扰，从创新的基本规律上去理解，这样的模式在推动科技成果转移转化的作用上仍需要加以充分重视并且提高资源投入。2017 年正式启用的康奈尔大学科技园，更是将大学、科技园、产业、生活等功能直接融合在一起，用全新的空间联结方式促进产学研的深度融合，加快推动科技成果转移转化。

四、面向产学合作的研究院

大学的兴起与发展，既是通过与社会经济的紧密联结来汲取养分，又是通过对科学真理的不断探索进行知识创造，引领着社会经济发展。大学和企业这两类组织的目标定位差异，使得合作存在导向性障碍，这决定了两者之间一定还存在技术合作的断层，在科技成果转移转化体系中需要其弥合这一断层的组织，也就是面向产学研合作的研究院。

弗劳恩霍夫协会（德语：Fraunhofer-Gesellschaft），是德国也是欧洲最大的应用科学研究机构，成立于 1949 年 3 月 26 日，以德国科学家、发明家和企业家约瑟夫·弗劳恩霍夫（Joseph von Fraunhofer，1787—1826）的名字命名，致力于填补重点领域的技术研发与产业化的鸿沟。弗劳恩霍夫协会在德国有 67 个研究机构，约 24500 名员工（截至 2017 年 5 月），2016 年预算约为 21 亿欧元，总部位于德国慕尼黑。协会聚焦信息和通信科技、生命科学、微电子、表面科技和光子、产品与工艺、材料与组件和国防与安全等重点领域，填补技术研发与产业化中间的鸿沟。非竞争性 / 竞争性平衡的经费收入模式，是推动弗劳恩霍夫面向产学研合作研发的根本动力。协会采取绩效挂钩的财务管理体制，其收入的 1/3 来自政府的事业经费拨款（通常被称为"非竞争性资金"），1/3 来自政府的竞争性项目，1/3 来自企业的合同收入（二者通常被称为"竞争性资金"）。

弗劳恩霍夫协会建立了开放式研发合作网络，大大提高了研发效率。弗劳恩霍夫协会的研发人员队伍还包含了德国合作院校的大量教授以及参与实习的学生，每个研究机构的负责人基本上都是所在领域的大学知名教授，一年为3000多企业客户完成约1万项科研开发项目，年经费逾21亿欧元。

深圳清华大学研究院（以下简称"研究院"）是由深圳市政府和清华大学于1996年12月共建、以企业化方式运作的事业单位，是一个高层次、综合性、开放式的产学研相融合的实体研究院。建院以来，研究院以体制机制创新为核心，以学校与地方结合、研发与孵化结合、科技与金融结合、国内与国外结合为抓手，探索出一条创新驱动的发展道路，取得了一批具有自主知识产权的科研成果，建立了高效的科技创新孵化体系，形成了科技金融深度融合的发展驱动方式。截至2013年12月31日，研究院累计孵化企业1508家，目前在孵807家，投资企业145家，培育20家上市公司。孵化投资了达实智能、和而泰、拓邦等多家上市公司，目前控股及参股企业150多家。

为了填补科技研发与产业化的鸿沟，很多国家和地区都做了很好的尝试，一方面，改革政府研究机构的运行机制，建立竞争性的财务投入体制，例如日本科学技术振兴机构、中国科学院等；另一方面，建立面向产学研合作的市场化运作的研究组织，例如弗劳恩霍夫协会、新加坡科技研究局（Agency for Science, Technology and Research, A*Star）、香港应用科学技术研究院、深圳清华大学研究院等等。

总体来讲，我国面向产学研合作的研究院建设取得了显著的成绩，在推动科技成果转移转化、弥补科技研发与产业化鸿沟方面发挥了积极作用。但是，对标国际一流的研究院，分析我国的研究院运行的体制机制，在建立非竞争性与竞争性相结合的经费投入体制上还存在缺陷，很多研究院还是事业法人单位性质，不能良好地解决科研人员的激励机制问题；另外，在科技成果孵化功能布局上略显滞后，清华大学在此方面进行了非常好的探索，值得国内其他面向产学研合作的研究院借鉴。

第四节　产学合作技术交易体系

技术交易额是国家技术转移体系建设成效的最为显著的指标，技术交易市场是促进科技成果转移转化的市场流通因素。少数境外设立的技术交易市场，如芝加哥国际知识产权交易所、香港知识产权交易所，是基于知识产权证券化探索建立的金融服务机构。1985 年，中共中央《关于科学技术体制改革的决定》明确提出"开放技术市场，实行科技成果商品化"，技术市场由此诞生，作为科技体制改革的突破口，开启了科技成果转移转化的市场化实践。因为我国高校院所科技成果的国有属性和成果发明人的职务属性，所以我国技术交易市场与国外的建设主体性质不同、服务对象不同、运行机制不同。

需要强调的是，充分发挥技术交易市场在促进技术转移中的政策集成与协调作用，是加快完善技术转移制度体系的中国特色与优势。目前，几乎每个省市都成立了知识产权交易中心或技术交易市场，在各级政府的推动下，走在了技术转移工作的市场化前沿。建设与发展技术交易市场，既发挥了市场在促进技术转移中的决定性作用，又体现了"市场主导、政府推动"在技术转移体系建设发展中的协同效应，影响和推动了我国技术转移的制度体系建设与完善，例如浙江、北京、湖北、广东等地技术交易市场都有很好的探索实践。这是我国在技术转移体系建设上区别于其他国家的特色与优势，研究与建设好技术交易市场，对于发展完善科技成果转移转化体系会起到事半功倍的效果。

国内技术交易市场发展起步较早，但缺乏健全的制度支撑，在促进高校院所科技成果转移转化方面，举步维艰。随着 2015 年《中华人民共和国促进科技成果转化法》修订案出台实施，科技体制机制改革步伐加快，制度环境在逐步完善，很多技术交易市场更加明确了工作方向与发展思路。

2009 年 8 月 8 日，经国务院批准设立，由科技部、国家知识产权局、中国科学院和北京市人民政府共建的中国技术交易所诞生于中关村核心区。2014 年12 月，由中技所依托科技部科技支撑计划项目建设的国家级技术交易网络服务平台"技 E 网（www.ctex.cn）"正式上线运营。该平台可提供信息披露、路演推介、在线竞价、挂牌交易、成交信息公示等服务。到 2016 年年底，技 E 网已在全国20 多个省市联网运行，从实践看，"技 E 网"在为科技型企业、高校院所、科研机构、地方科技管理部门提供科技成果转化服务方面，发挥了重要的支撑作用。2009 年 11 月，深圳国际高新技术产权交易所与深圳市产权交易中心合并，组建成为深圳联合产权交易所。深圳联交所内设有战略性新兴产业专利技术交易、国际专利技术交易、技术优势企业专利技术交易、港澳台专利技术交易、国家级高等院校科研机构专利技术交易、现代农业技术交易等若干"专业板块"，并组建了专利技术投资基金。浙江知识产权交易中心由浙江省科技厅、浙江大学联合发起，于 2016 年 8 月授牌成立。浙江知识产权交易中心的结合促进科技成果转移转化的国家法律、地方条例以及高校院所制定的管理办法，形成了一整套国有科技成果产权交易的规范与制度，先后与浙江大学、浙江工业大学、中科院等近 30 家浙江省内外高校院所签订科技成果转化合作协议并进行交易，形成了具有自主知识产权的项目评价筛选、交易评估和展示系统，在全国率先参照国有产权交易规范实现高校科研院所专利的公开挂牌交易。截至 2018 年 9 月底，自开业以来累计成交 329 个科技成果项目，包含 872 件知识产权，总成交金额为 3.6027 亿元人民币。

技术交易市场既是我国国情决定的特色产物，又是中国特色社会主义经济体制的发展优势。根据《中华人民共和国促进科技成果转化法》（2015 年修订）以及相关政策规定，当前法律赋予了高校院所科技成果的处置权，同时明确了"通过技术交易市场挂牌交易、拍卖等方式确定价格，或者通过协议定价并在本单位及技术交易市场公示拟交易价格"的免责条款。但是，没有对"技术交易市场"进行明确的法律概念定义，以及确定规范的管理体系，致使目前很多高校院所在科技成果处置过程中仍心存疑虑。据了解，目前仅有浙江、湖北、北京、江苏等地的部分高校院所参照当地技术交易市场的交易管理制度进场交易，且绝大多数是通过协议定价公示的交易方式，限制了技术交易市场的成熟发展以及科技成果转移转化市场环境的形成。

从目前技术交易市场的发展实践来看，很多技术交易市场偏离了作为科技成果交易市场管理方的角色，开始做科技成果转移转化的运营商，没有很好地发挥市场纽带作用。学术界对国内技术交易市场的相关研究很少，对其在国家技术转移体系建设中的作用重视不够。基于我国技术转移体系建设的处境，探索建立全国性技术交易市场，有助于形成"技术发明人—技术经纪人—技术转化人"的创新价值链，是加快发展完善技术转移制度体系的可行路径。

第五章 协同育人概述及现状分析

第一节 协同育人概述

一、协同育人的内涵

目前关于协同的定义并未达成统一，国内外学者从协同的产生、表现形式及其效应等不同方面给出了协同的概念。

在已有研究成果的基础上，笔者认为：协同的含义可以总结为在某种以追求系统整体最优为目标的模式支配下，系统内各个主体发挥自身优势，通过非线性的相互作用、有机结合，使系统朝着有序且稳定的方向发展，通过自组织功能最终实现协同，产生协同效应，各个部门和各个子系统的行为效果超过了其自身单独作用的效果总和，即 1+1>2，在宏观上形成新的有序状态。

协同思想的起源很早，而真正形成系统的协同理论是 20 世纪 70 年代的物理学家赫尔曼 - 哈肯创立的协同学。协同理论的研究重点是，一个远离平衡态的开放系统如何通过这个系统内部的协同，自发地形成有序结构，并能够与外界进行物质和能量的转换。1981 年出版的《协同学导论》和 1989 年出版的《高等协同学》系统地论述了协同理论。哈肯在《大自然成功的奥秘：协同学》中将协同学定义为："协同学是一门在普遍规律支配下的有序的、自组织的集体行为的科学。"

提到"协同育人",贺金玉在专著《地方新建本科学院协同创新与协同育人模式研究》中将"高等学校协同创新"划分为协同育人、协同科技创新、协同社会服务和协同文化传承四种形式。他认为高等学校在协同创新过程中,能够充分利用高等学校与其他各单位所拥有的独特教学环境、教学资源,以及在人才培养等方面的各自优势,把以课堂传授知识为主的学校教育与直接获取实践经验、能力为主的科研、生产实践有机结合,培养创新人才。袁小平基于高校思想政治教育与创新创业教育耦合的视角,将"协同育人"这样定义:在开放性市场经济体制下,两个及两个以上的不同主体或资源,根据用人单位和社会的需求,坚持资源共享、优势互补、利益互赢、责任分担、能量积蓄的原则,共同为社会培养高素质人才。

综上所述,"协同育人"是协同创新的一种形式,包含在协同创新的范围之内,"科教结合协同育人"侧重于研究科研院所和高等学校以"结合"作为手段、以"协同"作为过程,最终达到"育人"目的,是高等学校和科研院所相互结合、相互合作,能够产生协同创新效果的一种活动。

二、协同育人的特征

每一事物都有其特殊性,根据矛盾的分析方法要具体问题具体分析。"分析事物是认识事物,是把握事物的本质、洞察事物现象的关键环节。"协同育人是教育方式的一种,有教育的普遍特性,但又有着自身独特的"个性"。

(一)整体性

协同育人的突出特点之一是整体性。根据协同理论,协同效应的实现就是系统内部各个子系统形成一种稳定有序的状态,而协同育人就是使各类课程与思想政治理论课同向同行、形成协同效应。也就是说,在此基础上系统会发挥整体功能,大大提高思想政治教育的实效性。协同育人的整体性,具体表现为:

一是教师的整体性。协同不再是思政老师单方面"孤军奋战"，而是思政教师与专业教师双方建立"统一战线"。专业教师与思政教师形成友好互助关系，联合起来壮大育人队伍，发挥团队精神、增进理解、加强沟通，在互帮互助中培育德才兼备的人才，将整体性功能发挥得淋漓尽致。二是培育目标的整体性。协同育人的目标是培育德才兼备的人才，要将"德""才"作为一个整体目标努力，不可拆分区别对待。一个人如果想在社会上立足，德行和才能都是不可或缺的，如果只是注重某一方面，厚此薄彼，那就无法成为一个真正的人才，这是古往今来不变的道理。三是培养方式的整体性。智育和德育不可分割，是一个统一的整体，不是单纯在专业课中生硬地加入思想政治理论，也不是单纯地同步进行，而是将二者合二为一，彼此交融形成一个整体，相互促进，彼此成就。

（二）协同性

协同育人的另一个突出的特点是协同性。协同性，即复杂的系统内部各个子系统之间协调配合，使系统由无序到有序，产生某种相对稳定的结构。具体表现在教师间的协同：课前素材准备阶段，专业教师与思政教师协同合作挖掘专业课程中的隐性教育元素；课前教学设计阶段，专业教师与思政教师协同商议，根据双方提供的关于所教学生的课堂表现来进行设计，使之更有针对性；课后交流问题阶段，专业教师与思政教师协同探讨解决问题的方法，得出结论来指导今后的教学。只有专业教师与思政教师基于共同的教育目标，齐心协力，才能达到最佳的教育效果。

（三）兼容性

协同育人还具有兼容的特性。兼容，即两种存在差异的个体彼此包容，相互促进达成和谐，具体表现在两个方面：一是教师间的兼容。每位教师都具有不同而又独特的学识能力、兴趣爱好和生活背景，这都对教师的教学风格、师生之间的关系、处理问题的方式产生重要的影响。差异是不可避免的，无论是课程设计、课程实施，还是备课、上课、作业布置和答疑解惑，差异无所不在、无法复制。所以在协同育人的过程中，专业教师与思政教师要承认差异、尊重差异、彼此包容、求同存异，实现协同育人的目标。二是课程的兼容。由于存在学科差异，每一学科的知识结构、逻辑结构等都是不同的，因此课程中思想教育的实施，不同学科间也会存在互斥。协同育人不是消除这种差异，也不是思想政治理论课程与专业课程的简单叠加，更不是生搬硬套，而是找到二者的契合点，相辅相成。专业课程与思政课之间存在千丝万缕的联系，专业教师和思政教师通过协同合作，发掘专业课程中具有教育意义的内容，辅之以思想政治理论升华情感，实现课程的兼收并蓄。这种在差异中找到平衡而促成的合作，才是真正符合实际需要的协同。

三、协同育人的实践基础

实现人的需要是思想政治教育协同创新发展的前提。思想政治教育学科从其产生发展的过程可看出其具有意识形态的主导性和非意识形态的育人性的双重特征。无论是对主流价值理念的传播还是对普遍社会个体的教育，思想政治教育的相关内容设计都必须符合需要，因为认识这一需要、适应这一需求、发展这一趋势才能更好地推动思想政治教育的理论与实践创新。人的需要不仅体现在横向关系上的交叉融合，更体现在纵向发展的层层推进，思想政治教育的协同创新研究正是强调以开放互动、协同共享进行教育关系的优化和改进，因此，以人的需要为认识的出发点，为思想政治教育的协同创新研究预留了认识空间。

一方面，思想政治教育的协同创新应当关注人的生存需要，这是人的自我在思想政治教育中的存在。思想政治教育的对象是人，人的自我感知是思想政治教育存在的基础，随着人的自我存在感的加强，思想政治教育理论与实践也在不断地深化和拓展。

另一方面，思想政治教育的协同创新应当正视人的发展需要。作为思想政治教育对象的人是具有双重属性的：第一重属性强调人的外在存在，即自然本质；第二重属性强调人的内在关切，即现实本质。在人的自然本质向现实本质转化的过程中，思想政治教育发挥着重要作用。思想政治教育的协同创新使得人在发展过程中的创造力的生成和塑造，在此过程中，人的发展需要，如知识积累、能力提升、心灵涵养等，将得到进一步正视。

值得指出的是，思想政治教育的协同创新更应理解人的享受需要。思想政治教育协同创新的发展从某种意义上讲也是一种文化软实力的发展，人在受教育的过程中，自我存在得到印证，本我发展得到正视，精神层面的超我价值得到认同，人与人之间的主流价值精神相契合，在知识交融、生命领悟、行为规范中激发出更多的创造性活力和潜能。正是这样一种文化软实力的潜在塑造，思想政治教育与人的需求发展得到有效维系。思想政治教育是促进人自我完善、社会发展及空间生态融合的教育实践活动。思想政治教育的协同创新正是面对人的现实发展需要的教育改革尝试，让更多的教育对象得到指引，在激发个体创造性潜能的过程中实现教育价值，在营造社会创新性氛围的实践中彰显教育理念，在促进国家协同性发展的进程中发挥教育功能。

在面对思想政治教育协同创新发展的问题上，我们毋庸讳言当前环境的现实困境，无须埋怨各种硬件条件和软件条件的不完善。精神上的适度超越、认识上的合理前瞻将为我们开辟出思想政治教育协同育人的理论新高度、实践新境界。思想政治教育的目标达成，需要采取有效的方式、需要布局合理的方法、需要运用科学的载体。只有实现理论和思想的现实性转化、说服和教育的个体性生成，才能保持思想政治教育的生命力。思想政治教育的协同创新是以解放育人思想为前提的，不仅体现育人的时代性，有效把握育人的规律性，同时还富有创造性。只有将创新意识、创新精神和创新能力融入教书育人、科研育人、实践育人、管理育人、服务育人五个方面，将协同教育的环境营造、协同教育的专业背景渗透、协同教育的"众筹机制"有机结合，才能实现思想政治教的育人目标。

四、协同育人的实现机理

协同理论最初研究的是物理现象，这一理论关注的是能量之间的转换，这种能量转换是在非平衡状态的系统空间进行的开放式的交换活动。相对于外部世界的交换联系，协同组织的内部是通过自我调整、自我对接、自我完善进行空间、时间以及功能结构上的有序组合。协同理论在形成和发展过程中借鉴了诸如系统理论、信息理论、控制理论、突变理论等相关理论的先进理念，通过一系列模型设计、数据统计、结构分析，从具体到抽象，从微观到宏观，从量变到质变，阐述了相关系统和组织及存在现象的变换、发展的规律。在协同理论的设计中，有三个重要的内容，分别是开放共享的协同效应、动态交替的伺服原理、非线性结构的自组织模式。其中，开放共享的协同效应强调的是系统结构形成的临界状态，即在复杂开放的系统中存在诸多子系统，这些子系统相互作用会产生集约效应，这一集约效应会使整体的系统从无序走向有序、从有序走向高效、从高效走向某种稳定状态。动态交替的伺服原理指出了关键性要素对系统的决定性作用，系统中存在的序参量具有支配子系统的功能，在遇到内外部结构变化时，系统中存在的部分或少数序参量会通过结构变化和组合排列进行行为干预，通过"星星之火，可以燎原"改变整体系统的演化发展过程。非线性结构的自组织模式阐述的是系统组织内部自我生成、自我调节、自我适应、自我转化的新型状态。从空间概念上区分，整体系统受到外部空间的干预和内部空间的制约，系统的变化发展不仅顺从于外部世界的变化影响，同时也会通过内部结构的协同作用形成新的具有潜质的发展模型。

思想政治教育的协同创新研究，是借鉴协同理论的相关要素展开的。思想政治教育的整体结构是一个教育生态系统，它的产生、发展、创新由其自身内部的逻辑结构决定，同时也受到社会系统的影响。因此，除了关注协同理论的相关效应，思想政治教育的协同创新研究需要进行适应性调整、创造性转化、科学性发展。离开理论的实践是盲目的实践，脱离实践的理论是空洞的理论。协同发展、创新发展，是现代社会发展的时代性特征。思想政治教育发展，遵循着一般事物发展的基本规律，具备发展的本源性特征，也体现发展的时代性特征。从协同创新理论的研究范畴看，思想政治教育的发展无疑是一个开放性的、非平衡的、具有自我更新和创造能力的系统演变过程。运用协同学、创新学理论研究思想政治教育创新发展问题，不仅能够正视对发展问题的认识，还能提供科学的方法和有力的实践指导。

五、协同育人与高校思想政治教育的关系

"思想政治教育是促进人进步与发展的重要手段，也是实现人的价值的重要途径，思想政治教育将伴随着社会个体的生存发展变化而存在并更新。"思想政治教育在价值诉求上应是培养全面发展的个体。思想政治教育协同育人则强调在符合人发展诉求的基础上，遵循协同育人原则，达成和谐共融的平衡状态。因此，协同育人是思想政治教育发展的必然要求，是思想政治品德树立的关键，是加强思想政治教育实效性的必要手段。

协同育人立足思想政治教育整体。《关于进一步加强和改进新形势下高校宣传思想工作的意见》中提出了加强和改进新形势下高校宣传思想工作。其基本原则中指出要"坚持齐抓共管、形成合力"；主要任务是"努力构建全员全过程全方位育人格局，形成教书育人、实践育人、科研育人、管理育人、服务育人长效机制"②。协同的发展理念是让整个思想政治教育系统在充分发挥自身优势的基础上加强各子系统要素的联系，当前思想政治教育协同育人发展环境仍有其改进的空间，思想政治教育各主体之间没有形成十分有效的合力，这种合力不是简单机械的相互合作，而是应"在协同发展理论中，主体在共同的理念中以及制度框架内实现对结构内的资源整合，实现结构绩效的提高"。

协同育人优化思想政治教育过程。思想政治教育理论课教学是目前接受思想政治理论教育的主渠道，如果想让大学生接受系统的思想政治理论教育，单纯依靠理论课程是远远不够的。马克思主义哲学原理中指出，世界是一个普遍联系的有机整体，因此教师不仅可以在理论课中讲授思想政治教育理论，而且可以在其他学科中渗透思想政治教育理论。虽然现在的高校都是按照大学生所选专业对其进行特定教育，但由于思想政治教育这门学科的特殊性（可以融入其他学科的教学环节中，以一种隐性的教育方式延长思想政治教育课程时间，壮大思想政治教学的队伍、提高思想政治教学的辅助资源、实现教学资源的合理优化配置），所以可以开创相互作用的思想政治教育协同育人机制体系。思想政治教育协同育人坚持以学生为本的教育理念。"人的本质不是单个人所具有的抽象物，在其现实性上，它是一切社会关系的总和。"可见，人的社会本质属性既包含物质属性又包含精神属性，道德教育就是要培养人的社会属性，形成正确的文化观、历史观和国家观，成为社会主义合格建设者，而这与思想政治教育协同育人理念不谋而合。大学生群体的思想道德水平对其是否能成为国家发展的后备力量、社会主义事业的接班人有着深远影响。随着经济的发展，高校培养学生的重点转移到提升学生的知识文化水平，对其思想政治品德的树立则被相对弱化，而要给一个人树立一种牢固的思想观念却是需要很长时间的。协同育人理念更加注重在高校思想政治教育过程中协同整个系统内的各主体对高校大学生的影响，考虑这个群体对思想政治教育的接受度与认可度，并帮助学生形成"内驱力"，认同并接受思想政治教育。

协同育人充分利用教育载体构建全方位的育人模式。作为一个开放的系统，系统内的主客体处在不断变化的社会环境中，如何适应新形势下社会给予思想政治教育的新要求，是提升思想政治教育实效性的关键。协同育人充分利用各种教学手段，建立全方位、全过程育人模式，灵活运用各种教育载体，如思想政治教育课程、心理辅导、思想政治宣传会议、网络媒体、学生社团等，充分考虑大学生个体的差异性，因势利导，隐性地拓宽教育资源，使高校思想政治教育工作得到有效开展。

第二节　协同育人的理论支撑

一、马克思主义理论关于人全面发展的学说

习近平总书记对青年的成长路径和发展方向始终予以密切的关注，始终坚持以马克思列宁主义的指导思想主导青年的思想政治工作，不断推进马克思列宁主义青年教育思想的中国化，坚持贯彻求真务实的教育方针，并伴随着社会发展的步伐，与时俱进、不断创新青年思想政治教育的理论，对其赋予了新的内涵。人的全面发展理论是马克思人学思想的重要组成部分，马克思在借鉴前人研究的基础上，成功地创立了人的全面发展理论。马克思认为人的全面发展指人自身的全面发展，它意味着"人以一种全面的方式，也就是说，作为一个完整的人，占有自己的全面的本质"。

人的需要是人类生存的前提，是人类进行一切物质生产活动的出发点和源泉。现实生活中，人类的解放和发展等活动与人的需要密不可分。需要体现着唯物史观的一种历史范畴，它规定着人的本质，在马克思关于人的全面发展理论中占有重要地位。人的需要包括自然需要和社会需要。一方面，自然需要是人类和其他一切动植物有机体具有的同样属性。人是在自然界中产生的，人类为了生存和繁衍后代，必须解决衣、食、住、行上的最基本的需要；另一方面，人类有着与其他生物有机体最本质的区别，即社会需要。动物为了维持自身生存，只能依靠大自然的给予来获得物质资料，这表明动物并没有从大自然中分离出来。在马克思看来，人的全面发展的核心在于人的能力的全面发展，人的

全面发展的实现是通过人的能力的不断发展实现的，而人的各种能力是付诸社会实践活动来完成的。马克思主义理论关于人全面发展的学说，清楚地阐释了人的全面发展的含义，也清晰地分析了人的发展与社会发展的关系。这对关系简要的理解即为：个人的全面发展就是指在社会生产发展过程中，一个人自身所蕴含的全部发展的可能性或潜能性的充分发展，包括体力和智力的健康、充分、自由、发展。马克思、恩格斯指出生产劳动同智育和体育相结合是造就全面发展的人的唯一方法，陈万柏、张耀灿在《思想政治教育学原理》一书中指出要实现人的全面发展，必须实施全面发展的教育，注重大学生健康教育和注重精神健康、思想健康的大学生思想政治教育的结合是实施全面发展的高校教育的客观要求和有效途径。

人的能力是丰富多样的，包括人与生俱来的能力和后天形成的社会能力、潜在能力、现实能力及体力、脑力。另外，人不仅应具有物质生产能力，还应具有精神生产能力，如鉴赏能力、审美能力等。社会成员凭借自身具有的这些能力去从事社会实践活动，发展生产力，加快社会物质财富的发展，同时运用精神能力从事社会中的各种交往活动，既锻炼了自己的道德修养，又丰富了精神世界。

劳动体现了人的本质，是人类在从事社会实践活动中必不可少的一种方式。起初人类为了生存，通过劳动来获取自身所需物质。人的劳动活动的全面发展是人全面发展的前提和基础，它是人区别于动物的最重要特征。劳动是一种有意识、自觉的行为，在改造世界的过程中也在改造着自身。马克思认为，在生产的行为中，"生产者也改变着，他炼出新的品质，通过生产而发展和改造着自身，造就新的力量和新的观念，造就新的交往方式、新的需要和新的语言"。人的能力、社会关系和个性的发展都离不开人的劳动活动，劳动的这种能动性使劳动者不再是孤立的个体，劳动活动在人与人之间建立了联系，成为联系整个社会发展的一面巨网。劳动者在从事社会实践的过程中能够不断提高自身能力、培养和锻炼社会关系交往及发挥自身优势。

人在社会中生存和发展，不可能离开社会群体去孤立发展，人的发展与社会的发展是同步的，人要生存和发展必定会产生与之对应的各种社会关系。社会关系是复杂多变的：根据主体来划分，有个体与个体、个体与群体、民族与民族、国家与国家之间等关系；根据领域的差异来划分，有在经济、政治、文化及法律道德等方面产生的关系等社会关系所体现的是一种劳动活动的开展过程，在某种程度上决定一个人在实践中的发展空间及能够发展的程度，而生产力恰好能够充分地体现在劳动活动上。

马克思、恩格斯虽然没有明确解释思想政治教育这个名词，但"宣传""政治教育""理论教育"等词语却可以从马克思主义经典文献中经常找到。马克思认为："最先进的工人完全了解他们阶级的未来，因此人类社会的未来，完全取决于正在成长的工人一代的教育。"①发展人的个性必须把握自身、了解自身。在马克思看来，人的个性自由全面的发展是人类追求的最高目标，是人全面发展必不可少的组成部分，是人类实现自我价值的核心。人的全面发展不能理解为人的发展面面俱到，因为这样会导致人的发展走向平庸化。所谓的全面发展，强调的是人的个性自由发展，强调的是追求社会生活的丰富多样性。人的个性是指人在社会生存中所表现出来的一种独特性并且具有自主能动性的个性特征，如心理素质、思维能力和个人行为等，这种个性自由体现在人的能力发挥和社会交往等方面。

二、马斯洛的需求层次理论

马斯洛的需求层次理论是组织行为学的重要理论之一，由美国心理学家亚伯拉罕·马斯洛于1943年在《人类激励理论》中所提出。马斯洛认为，人类个体行为的内在动机是由多种不同性质的需要所组成的，包括生理需求、安全需求、社交需求、尊重需求和自我实现需求。需要是推动人们行动的强大动力，而环境是诱发这种需要的催化剂。利用马斯洛的需求层次理论去加以引导和利用，可充分调动学生的主观能动性，鼓励学生增强刻苦钻研，让学生主动地探索知识、发现问题、解决问题，提升获得知识和运用知识的能力。

生理需求是指人的需要中最基本、最强烈、最明显的对于生存的需求，主要包括衣、食、住、行、休息及水、空气等。生理需求在所有需求中占绝对的优势，当人的生理需求未得到满足时，其他需求就会退居幕后，这时机体的全部能力都投入到满足饥饿等生理需求的服务中去。而当人的生理需求得到基本满足后，其他更高层次的需求就会出现，这些需求就成为主导行为的支配力量。

安全需求是指在生理需求得到相对充分的满足后出现的一种需求，包括安全，稳定，免受恐吓、焦躁和混乱的折磨，对体制、秩序、规律的需求等。人是一个有机体，其本身就是一个追求安全的机制，渴望满足安全的需求，希望自己的身体和利益等处于安全中，避免威胁，希望已满足的需要和已经获得的利益等不再丧失，当个体的安全需要得不到满足时，个体就会感觉到焦虑与恐惧。

社交需求是指当一个人的生理需求和安全需求都很好地得到了满足之后产生的一种需求，包括社交往来、获得友谊和爱、被团体和社会所接纳等。处于这一需求阶段的人，会把亲情、友情、爱情看得十分重要，希望家庭和睦、好友如云，能够被所在的团体和组织所接受、认同，与同事建立起融洽和谐的人际关系。当这种需求得不到满足时，个体就会感到强烈的孤独、边缘化及疏离感，产生一系列心理问题，难以正常与人交往。

尊重需求是指个人对自己尊严和价值的需求，包括"自我尊重"和"受人尊重"两个方面：第一种是希望自己有实力、有成就、能够胜任工作，并渴望独立和自由；第二种是要求社会上给予名誉、地位、权利和赞赏，重视他人对自己的看法，希望得到他人和社会的高度肯定。如果一个人的尊重需求得到满足，他就会对自己充满信心，对社会充满热情；而一旦这些需求受到限制，就会产生自卑情绪，有弱小、无能的感觉，甚至丧失工作和生活的信心。

自我实现需求是指当上述所有需求都得到满足后进入的需求发展的最高阶段，即指满足自己发展和成长的愿望，发挥自己最大的潜在能力、实现自我境界的人，接受自己也接受他人，自觉性提高，解决问题的能力。独立处事的能力增强，完成自己所能完成的任何事情，并从中获得满足，具体表现为有强烈的胜任感和成就感，愿意从事具有挑战性和创造性的工作。

大学生健康教育中关于身心健康教育、生命安全教育等内容是人的基本需要，如疾病的预防、养生保健和珍爱生命等，关于适应社会和道德健康的教育内容是人们对社会的爱、归属感和自我实现的需要。在大学生思想政治教育中，关于社会信仰和思想政治观念的教育更多的是人们对于尊重和自我实现的需要，如诚信、正义等社会核心价值观念的培育和行为的养成。因而要充分满足马斯洛提出的五个层次的需要，甚至达到自我超越的更高层次的需要，需要将大学生健康教育与思想政治教育结合起来协同育人，形成教育合力，促进受教育者拥有追求和获得满足自身各层次需要的能力。

三、中国特色社会主义现代化的相关理论

中国特色社会主义现代化理念及实践，发源于 20 世纪 50 年代中期，从党的十二大开始正式纳入"建设有中国特色的社会主义"事业，迄今已有 60 多年的历史。其间虽然充满了曲折甚至遭受了某种挫折，但中国共产党和中国人民实现社会主义现代化的初心始终未变。在党的十八大以后，中国特色社会主义发展在实践探索中迈入了"新时代"。社会主义现代化理念适应其变化而开始发生新时代升华，特别是党的十九大，以高度的理论自觉作出中国特色社会主义进入了新时代的科学论断，把社会主义现代化理念推向全新的境界。

我们党和国家关于中国特色社会主义现代化的目标定位，是一个不断拓展和逐步升华的过程。习近平同志在十九大报告中指出：中国特色社会主义已经进入了新时代，这个新时代是全面建成小康社会、进而全面建设社会主义现代化强国的时代。

这里关于全面建设社会主义现代化强国的观点，即把新时代现代化建设的目标直接定位在全面建成中国特色社会主义现代化强国上，是首次提出的，具有重要的理论创新意义。特别是其中关于全面建设的要求，是适应国情发展的新变化，既包含推进"4+1"的现代化之意，又包含坚持实施"五位一体"总体布局和"四个全面"战略布局，协调推进经济、政治、文化、社会、生态文明建设，以及军队和外交工作乃至党的建设现代化等内容。这是对新中国成立以来党和国家社会主义现代化思想，特别是党的十八大以来逐步形成的新时代中国特色社会主义现代化思想的进一步升华。

中国共产党在当今世界经济全球化、政治民主化、文化多元化、社会现代化的发展趋势下有效地把生态文明最优化及党的建设科学化连接起来，为中国特色的社会主义现代化理论形成奠定了基础。中国特色现代化理论是相对于中国传统社会而言的。中国特色社会主义现代化理论构建的历史依据应从新中国成立以来的历史中去探究。我党坚持把马克思主义基本原理同中国具体实际结合起来，在推进马克思主义中国化的历史进程中产生了两大理论成果：毛泽东思想和中国特色社会主义理论体系，它们是社会主义现代化理论的核心。中国特色社会主义现代化文化建设的根本任务是：建设社会主义核心价值体系，以满足人民精神文化需求为出发点和落脚点，进一步加大文化建设力度、加快文化发展速度；以改革创新为动力，建设社会主义文化强国。中国特色现代化文化建设的主要内容包括思想道德建设和教育科学文化建设两方面。中国特色社会主义建设是我国社会现代化进程中的一项重要任务，大学生作为即将投入我国建设事业的年轻力量，肩负着两个一百年的奋斗目标伟大重任，是我们党兑现承诺的重要支撑力量。大学生强健的体魄和坚定的政治信仰是其为国家建设事业奋斗不息的前提。大学生健康教育是高校培养和提升受教育者健康素养的重要途径，是建设健康中国的重要方面；而高校思想政治教育则是坚定大学生思想政治信仰的关键环节，能够为我国的现代化建设争取和发展更多的力量。

建设健康中国也包含了人们的社会政治信仰符合中国特色社会主义的主流意识形态，高校大学生在体质、人格、道德、政治信仰等方面的全面健康发展，因而二者的协同发展是中国社会现代化发展的需要。

四、伦理学的相关理论

伦理学理论形态划分一直是聚讼纷纭的问题。各种观点都从不同视角、不同层面合理地反映了伦理学的理论面貌，但又很难说哪一种更具权威性。其实，这些观点之间之所以存在如此多的分歧，主要原因在于：第一、伦理学经过两千多年的发展，内容庞杂、流派林立、关系复杂，给理论形态的划分带来了现实的难度；第二、划分依据的多样，有些划分甚至没有明确的依据。因此，要在伦理学理论形态的划分问题上做出比较合理的判断，确立合理的划分依据是一项前提性工作。

人们普遍认为，德性论、义务论与功利主义是思想史上最典型的三种道德形而上学理论，也是代表着三种各具特色的道德思维方式。德性论是一种整体性的道德思维方式，而义务论与功利主义是某种片面性的道德思维方式。同时，通过对道德思想史的简单梳理，我们发现德性与义务之间其实具有某种常常被忽略了的内在关联。伦理学理论的演进逻辑，首先表现为理论主题的不断转换。伦理学作为人类一种特殊的实践理性，与人类的道德实践要求内在相通，道德实践的发展与进步是伦理学理论发展的源头活水。大学生健康教育与思想政治教育协同育人有着人类社会的伦理学依据，主要体现在以下几个方面：首先，二者协同育人的目的是"善"的，二者协同育人的目的在于促进大学生的全面健康发展，既促进大学生生理层面的健康发展，又促进其精神层面的健康发展，进而促进大学生更好地适应社会发展，赢得"大健康"和"大思政"格局构建的双赢发展；其次，二者协同育人的实践是"正当"的，二者的协同以高校健康教育与思想政治教育的学科发展规律为基础，以人类社会的发展规律和人的成长规律为前提；第三，二者协同育人是"应当"的，主要在于二者的协同具有促进人和社会不断发展的现实价值，且二者的研究内容和实践具有交叉性和互补性，具有协同的内在基础，也有高校、政府、科技等方面的外在支撑条件；最后，二者协同育人是高校教育发展工作的"责任"，大学生健康教育与思想政治教育的教育过程涵盖了人对生命、道德、社会规则的理解，只有二者协同发展，才能促进受教育者对人及其社会关系的完全理解，以更好地引领受教育者接受健康知识、树立健康意识、理解政治观点、坚定社会信仰，最终践行健康的生活方式和正确的行为选择，实现全面健康发展。当今，规范伦理学仍在继续发展，并在借鉴、吸收了元伦理学与应用伦理学理论资源的过程中得到良好发展，如西方理论界对新功利主义、新契约论及新德性论的论证与构建就是明证。元伦理学的发展虽然经历了一个快速衰退的时期，但是它仍然是当前西方伦理学研究的一个重要领域；应用伦理学的发展就更明显了，它从来都是与伦理规范与元伦理学的论证方式紧密结合在一起的。理论主题的更新只说明了一个客观事实，那就是理论视野的日益拓展和理论资源的日益丰富。

第三节　协同育人现状

自大学生思想政治教育开启了全面系统化建设历程，思想政治教育的协同合作问题受到党、国家和全社会的高度重视，不仅仅是国家从相关政策、制度上给予支持和指导，国内许多学者、专家和研究人员都敏锐地注意到了思想政治教育协同育人问题的必要性和重要性，并从不同角度进行了一些探索，也取得了相应的研究成果。笔者在查阅大量文献资料、走访调研的基础上，对高校思想政治教育工作主体辅导员与专业课教师协同育人状况有了较为清晰的了解，得知近年来思想政治教育协同育人中取得一定的成绩。

一、协同育人意识方面

相比之前高校内各个育人主体"单兵作战"的育人思维，近年来各育人主体逐步意识到高校思想政治教育必须走向协同育人才能取得较好的效果。协同育人意识发生了转变。协同育人意识的转变体现在三大层次上。首先，国家层面高度重视协同育人。我们可以从党中央、国务院和教育部这些年来颁布的一些文件和政策以及组织的全国性的思想政治工作会议中可以找到依据。2004年10月，中共中央、国务院发出《关于进一步加强和改进大学生思想政治教育的意见》，2015年1月，中共中央办公厅、国务院办公厅印发《关于进一步加强和改进新形势下高校宣传思想工作的意见》，2016年12月在北京召开了全国高校思想政治工作会议，2017年2月中共中央国务院印发了《关于加强和改进新形势下高校思想政治工作的意见》。2019年3月习近平总书记主持召开全国思想政治理论课教师座谈会。诸多文件和会议中都高度强调高校要具有协同育人的意识。其次，高校层面开始注重协同育人。调研访谈中发现，一些高校思想政治教育工作者纷纷谈到，近些年来各自所处的高校都开始调动学校的教学、管理、科研、实践等部门协同开展大学生思想政治教育工作，特别是一些处于一线的专职思想政治工作人员更是倍感欣慰，感觉自己在学校再也不是"孤军奋战"的做思想政治工作了，职业认可度、职业幸福感均有所提升。最后，学界研究层面密切关注协同育人。在中国知网CNKI里以"思想政治教育协同"为主题词检索期刊论文最早的一篇发表于2005年，而后十多年来研究思想政治教育协同的期刊论文逐步增多，且出现硕博论文专门研究这个领域。同时，学界也召开各个层次的学术会议专门探讨高校要走向协同育人的问题。诸多现象表明，协同育人问题已得到各界初步重视，协同育人意识逐步渗透到教育体系中。

二、协同育人实践方面

马克思主义实践观强调，认识世界是改变世界的前提。树立意识固然重要，但将正确意识运用到实践中才能改变世界。如前所述，近年来高校思想政治教育协同育人问题逐步得到各界重视，高校理所当然就肩负起思想政治教育协同育人这个重任。高校从协同育人的课程、主体、环境、格局等方面进行了一些初步探索，也形成了一些有效的协同育人模式。如从育人课程视角思考，探索了思想政治教育课程与课程思想政治教育的有效协同；思想政治理论课程在进行与时俱进的改革，探索其他课程中蕴含的思想政治教育资源，这是大多数高校都在探索和践行的一种课程协同育人方法。

从育人主体方面探索，建立了辅导员思想政治教育"双肩挑"制度：辅导员既从事学生日常思想政治工作管理，也给学生讲授思想政治理论课程，一人多责、协同育人；建立了辅导员和思想政治理论课教师的协同融合机制：将负责理论课堂教学的思想政治理论课教师与负责日常管理和实践活动组织的辅导员老师二者协同融合或定期"角色"互换，共同促进思想政治教育工作开展。这也是很大一部分高校都在实施的一项协同育人工程。

从育人环境考虑，尝试着学校环境与社会环境协同育人，具体措施例如鼓励大学生参与社会实践活动，特别是一些爱国主义教育基地或展览馆、博物馆等场所都是免费面向高校学生开放；构建"有出有进"的思想政治教育环境，学校邀请社会上的知名企业家、国家运动员等正能量人物到校为学生做就业规划指导和成长励志教育。从育人格局探索，自"2011 计划"（全称为高等学校创新能力提升计划）实施以来，全国建立多所国家级的协同创新中心。各高校的思想政治工作也搭乘了这一协同教育的"便车"，例如，2016 年 5 月，由北京大学、清华大学等院校牵头的 11 个北京高校中国特色社会主义理论研究协同创新中心正式成立。随后，全国各高校和研究院所相继建立多个协同创新中心，这些协同创新中心通过"统筹校内外相关学科、专家资源，实现了多学科、跨学校的资源整合，学术资源、理论成果、教学资源、教师培养等都在协同创新中心间实现了共建共享"。这些协同中心被寄予厚望以此实现协同育人。

三、协同育人效果方面

党和国家以及全社会都在关心和重视高校学生的思想政治教育问题，高校也在努力探索大学生思想政治教育协同育人等有效改善思想政治教育的方法，并采取了一系列措施。当前，大学生思想政治教育协同育人的优势正在不断凸显。一是体现在高校层面上，党委领导下的协同育人体现高校马克思主义的鲜明特色。各地高校都充分意识到不能走过去"单打独斗"的思想政治工作老路，纷纷建立以党委统一领导，党政协同的"齐抓共管"的思想政治工作新格局。唯有如此，充分调动学校的各类课程、各类教师、各种活动、各项管理共同协同育人才能使思想政治教育工作完善，才能体现社会主义大学的优越性。二是体现在高校学生群体的精神面貌上。习近平总书记在全国高校思想政治工作上发表讲话，首次点评"95后"大学生时指出："现在高校学生大多是'95后'，再过两年，新世纪出生的青少年也将走进高校校园。他们朝气蓬勃、好学上进、视野宽广、开放自信，是可爱、可信、可为的一代。对当代高校学生，党和人民充分信任、寄予厚望。"（《习近平寄语青年》人民网，2017年1月3日）思想政治教育是一个系统工程，单一的教育是塑造不出可爱、可信、可为的大学生，只有形成全员、全过程、全方位的协同育人格局才能培养出德智体美全面发展的、合格的大学生。三是体现在大学生个人的气质、品质上。在访谈中发现以及笔者切身感受到周围的大学生充满力量，呈现出奋发向上的精神面貌，很多大学生广泛参与社会实践、综合素质优秀，三观正直、充满正能量。诸多事实表明，高校思想政治教育在全社会的共同关心和重视下，走向系统的协同之路，其协同育人的优势不断凸显，最为明显的可感知的变化就是学生的精神面貌。

第四节　协同育人存在的问题

辅导员与专业课教师协同育人建设经过十多年系统探索，取得了一些有目共睹的成绩。新时期新形势下，客观环境发生很大的变化，思想政治教育的主客体也发生巨大变化，大学生在思想和行为上都呈现出复杂多元化的特征，思想政治工作的主体在思想政治教育协同育人过程中面临着不断涌现的新问题、新情况。当前，辅导员与专业课教师协同育人存在的问题主要表现在以下四个方面：

一、协同育人组织上缺乏保障

辅导员与专业课教师的整合是高校思想政治教育协同育人的组织保障。通过调研发现，在协同育人的组织保障上各高校情况不相一致，大致存在三种情况：第一种，高校既缺乏组织整合意识，又全然无视辅导员与专业课教师的整合，所以无法开展协同育人教育；第二种，有的高校虽有意识到整合辅导员与专业课教师力量是协同育人的组织前提，但实际情况中仅仅是整合了辅导员与专业课教师中的部分力量，并非全员参与；第三种，还有的高校充分认识到必须整合辅导员与专业课教师力量，构建"大思政"协同育人体系，但由于各方面原因无法落实、知行不一，在实际中辅导员与专业课教师也没有进行协同开展思想政治工作，同向同行育人。

党政共青团干部、思想政治理论课教师和哲学社会科学课程教师、辅导员和班主任、辅导员与专业课教师在高校分属不同系统，涉及管理、教学、学工等工作部门，虽然各自都被赋予明确的思想政治教育职责，但在具体工作中是单向的联系，在平常的工作中各自独立行事，开展思想政治教育时，力量分散，缺乏有效整合。综上所述，一些高校缺乏顶层设计意识，在领导层面没有意识到应该将辅导员与专业课教师整合起来协同育人。

部分负责具体实施的思想政治教育实践者处于分散、孤立、绝缘的状态，缺乏对育人职责和工作职责的全面认识，所以一些高校也尚未建立起协同育人组织。辅导员与专业课教师在高校中因为工作关系会产生一些交叉点，即在思想政治教育过程中产生辅导员与专业课教师部分力量整合的现象。

如从事学生管理工作的干部与辅导员，在院系工作中是领导与被领导的上下级关系；从事共青团工作的领导干部与辅导员，在学生思想政治教育活动、共青团活动开展中会有联系；从事思想政治理论课教学的思政课教师和哲学社会科学课程教师与辅导员，在学生课堂出勤、课堂反馈中也会产生沟通协调。这些人员都共处于思想政治教育系统中，直接或间接地从事着思想政治教育的管理和教学活动，但他们之间也仅仅是因为个别具体实践的处理需要而展开联系，这种联系在某种程度上还未达到协同的要求，即便是产生的协同也仅仅是沟通层面的零星的合作关系，并未建立起长期的、固定的协同育人组织。一些学校虽然认识到高校的基本任务是立德树人，并深刻意识到只有党政干部共青团干部、思想政治理论课教师和哲学社会科学课程教师以及辅导员和班主任联动起来才能将立德树人的目标完成，也试图建立思想政治教育协同育人组织，但由于一些客观原因都未能建立起辅导员与专业课教师整合的协同育人组织。

辅导员与专业课教师普遍认为高校思想政治教育工作应该相互配合和协同，共同致力于大学生思想政治教育工作，而只有个别人员认为没有必要配合和协同。由此可见，大多数从事高校思想政治教育工作的辅导员与专业课教师人员在主观上都渴望实现整合，只是由于客观条件和环境的限制，缺乏相关的整合机制将他们联系起来，他们在现实的协同、配合、联动过程中遇到诸多障碍。高校未建立起辅导员与专业课教师整合下的思想政治教育协同育人组织，最主要的原因还是缺乏协同动力以及相关制度的保障。正如有的老师在访谈中所谈到的那样，缺乏相关制度和激励机制，即使有想开展协同教育的心，也没有相关的能力和环境，具体来说，大致包括以下几种情况。

第一，缺乏协同能力。如有的党政团干部从事管理工作得心应手，但让他们去讲授思想政治理论课就缺乏专业素养，常常讲得不伦不类。

第二，缺乏协同目标。目标是跟物质利益直接挂钩的，对很多从事管理工作的干部考核第一标准并不是思想政治工作质量，况且学生的思想政治工作考核也是无法直接量化的，所以他们缺乏参与协同教育的目标。

第三，缺乏协同环境。一般高校都是实行党委领导下的校长负责制，这种体制囊括了党委系统和行政系统，两条战线上都有思想政治教育工作者，他们往往不是协同工作，而是呈现相互推诿、职能交叉重叠；呈现"剪不断理还乱"、某些思想政治教育"症结"无人管理的局面。协同育人是高校思想政治教育的必然趋势，但思想政治教育协同育人的具体开展需要系统统筹谋划。

当前协同育人的效果还不够理想，主要是在协同育人构建上缺乏有力的组织保障，无论是个别思想政治教育主体的点对点协同，还是思想政治教育工作队伍间的网状协同都需要完善的组织保障来统筹和设计。思想政治教育主体辅导员与专业课教师涉及众多教职员工，如何来统筹规划的协同，这就需要建立学校层面的协同统筹机构。新的历史时期下，思想政治工作形势更加严峻，情况愈渐复杂。在此基础上，辅导员与专业课教师要协同开展思想政治教育工作就必须在组织上有所保障，建立思想政治教育协同统筹机构，完善统筹思想政治教育协同统筹机制。思想政治教育资源的调配、人员分工与合作等都由思想政治教育协同统筹机构负责。坚持党对教育工作的全面领导，在此基础上，形成由校级层面党政领导牵头、院系部门党政干部为主抓手，共青团干部、思想政治理论课教师、各专业课程教师、班主任、辅导员等整合的思想政治教育协同小组，在思想政治教育协同工作领导小组的统筹下，建立协同工作机制、平台等，各支队伍积极发挥主动性，形成相互协调、配合的思想政治教育工作格局。

在协同统筹机构的领导下，辅导员与专业课教师协同起来将思想政治工作做在日常、做到个人。

同时，精心培养辅导员与专业课教师成为都会做思想政治工作的精英队伍。辅导员承担思想政治教育内容繁多、范围广泛，而专业教师则往往只承担相应的专业教学任务，辅导员与专业课教师协同队伍稳定性差，在协同育人实践中常常出现无序、混乱的状态，这主要就是因为高校内缺乏协同辅导员与专业课教师的顶层设计和安排。学校思想政治教育工作的顶层设计，需要辅导员与专业课教师来配合实施，建立思想政治教育协同工作的顶层设计需要注意以下几点：

一是体现目标性。围绕高校立德树人目标的实现构建思想政治教育协同工作体系；将协同开展思想政治教育的意识和行为渗透在各类人员的本职工作中，防止各育人主体在工作中脱离思想政治教育。

二是打造特色性。注重实事求是、进行整体设计，构建辅导员与专业课教师思想政治教育协同育人工作体系；根据高校的实际情况，有针对性地、有重点地、有亮点地将思想政治教育主体、思想政治教育主渠道、思想政治教育活动等有机连接起来，打造专属于各高校的特色协同育人体系。

三是突出评价性。建立科学合理的思想政治教育协同育人工作考评体系，有评价、有反馈，思想政治教育协同工作才有更好的动力。这也能够防止部分人员的协同流于形式，思想政治教育实效得不到实质提升。

四是尊重规律性。遵循规律构建辅导员与专业课教师思想政治教育协同育人模式。这里的规律主要是指：思想政治工作的规律、学生成长成才的规律、教书育人的规律。同时，也要注意把握协同理论与思想政治教育高度融合。

二、协同育人实践中存在的问题

所谓"大思政"格局就是指高校中形成全员、全过程、全方位的育人体系。

"大思政"格局需要思想政治教育工作主体"三支队伍"在育人实践中协同参与。当前，"三支队伍"在育人实践中却是各自为政、各行其是。如"有的党政干部片面追求学校硬件设施的'高大上'、课程设置的'吸金力'以及科研成果的'国际范'，轻视德育，忽略意识形态工作；有的高校共青团干部对高校思想政治工作深刻认识和把握不够；个别高校辅导员对大学生的精神信仰和价值观培育关注不够。"如此种种表现，显示出"三支队伍"在具体育人实践中忽视了思想政治教育是"一盘棋"，阻碍了协同育人。

（一）学生工作者方面

高校思想政治教育工作由党委统一领导和部署。党政干部、共青团干部负责思想政治教育的组织、协调和实施，党政干部和共青团干部是一个个具体思想政治教育活动的"设计师"。

共青团干部在思想政治教育活动中承担着关键的任务，从事共青团工作的思想政治工作者是除辅导员外在第二课堂接触学生最多的人员，深得学生信任，最容易了解学生的思想动态、思想热点。共青团干部完全有能力做好团学工作的同时协同其他教育者育人，然而一些共青团干部却没有承担起思想政治教育工作的重任，出现理想信念模糊、工作懈怠的现象。如在调查中体现的。

辅导员对于职业的认同度直接影响辅导员的从业态度，进而影响辅导员队伍的流动性、稳定性。在 2017 年颁布的《普通高等学校辅导员队伍建设规定》中明确指出，"专职辅导员是指专职从事大学生日常思想政治教育的工作人员，具有教师与管理人员的双重身份。"这是对辅导员的职业责任和职业地位做了明确的规定，然而在实际工作中辅导员却没有得到相应的职业认同度。表现在：一是辅导员自我职业认同度低。许多辅导员从业人员并不是真正热爱辅导员这个职业，而是把辅导员职位当作进入高校工作的"便捷绿色通道"或者当作职业晋升的"暂时跳板"，这就导致他们在工作中无法全身心投入思想政治教育工作，缺乏对学生的责任心、对职业的敬畏心。二是社会对辅导员职业认同度低。社会上普遍对辅导员队伍的看法带有狭隘的眼光，对辅导员的职业认识产生偏差，认为其没有专业教师那样学识渊博，认为思想政治工作很简单，任何人都可以从事，所以对辅导员的职业缺乏应有的尊重。三是学校对辅导员职业认同度低。虽然辅导员制度设计缘由和定位就是专职从事大学生思想政治工作和提升大学生思想政治素质，但在高校的实际工作中辅导员却被大量学生管理和日常事务缠身，不然就是充当维持稳定的"消防员"角色。

（二）专业课教师方面

专业课教师，尤其是从事专业课的教师直接的教育作用对象就是大学生，他们的专业素质和教学能力直接影响着思想政治教育的成效。他们作为高校思想政治教育的中间力量，执掌着思想政治理论课堂和社会科学课程课堂，直接向学生传授知识，但缺乏合作育人实践。在新时期下，这支教师队伍也面临新的难题。

新时代各个方面都发生了深刻的变化，在开放环境下成长起来的大学生，对教师的角色期待更高，不拘泥于传统的教师角色定位。专业课教师的授课直接对大学生的思想产生作用，而思想意识的转变不能立竿见影，要经过接受主体复杂的思想活动，具有长期过程性。所以专业课教师的工作具有复杂性、艰巨性，他们的教师角色定位受到前所未有的挑战。主要表现在：网络技术的发展和新媒体的广泛应用弱化了教师的"知识传授者"角色。在这个"人人都是自媒体"的互联网时代，大学生可以很方便地通过互联网获取各种想要的信息与知识。社会上的负面言论及意识形态领域的不良思潮挑战着教师的"灵魂工程师"角色。

三、协同育人机制上较为僵化

"大学生思想政治教育协同育人机制是指承担思想政治教育任务的各子系统在遵循协同育人原则的基础上，各构成要素既各成体系又相互作用，并为了实现共同的协同育人目标而形成的相互协作、取长补短、有机衔接的比较稳定的关系及其内在的运行方式和过程。"可见，相互关联和相互作用是产生机制的前提，协同育人机制的建立是协同育人的前提。

（一）辅导员与专业课教师之间缺乏协同合作机制

教师队伍与辅导员队伍缺乏协同合作机制，这里的教师主要是指专业课教师。专业教师和辅导员因其职业特征，二者是推进习近平新时代中国特色社会主义思想入脑入心的重要人员。专业教师与辅导员二者协同合作开展思想政治教育基于以下理由：首先，存在合作基点。专业教师与辅导员的本职工作都是思想政治教育育人，只是侧重点不一样、采取的形式不同，但其最终指向一样，即培养合格的社会主义事业接班人。其次，存在合作可能。二者在实际工作中存在诸多教育活动交叉联系，这为二者的合作提供了可能性。最后，合作呼声强烈。在实际情况中，加强专业教师和辅导员、班主任的交流、合作，这种呼声一直非常强烈，有些高校也进行了一些探索实践，如辅导员与专业课教师角色互换、定期轮岗，辅导员"双肩挑"制度等等。由于二者在实际工作中归属系统不一、缺乏交流平台、专业知识能力有限等影响因素阻碍了教师队伍与辅导员队伍之间形成固定协同合作机制。

（二）专业课教师与思想政治教育课缺乏协同交流机制

专业课教师与辅导员同向同行协同发展的两支教育力量，当前，这两类教师协同交流机制仍不健全。不可置疑，哲学社会科学课程也是具有意识形态性的，那么哲学社会科学课程教师在授课中就应该有明确的价值导向，社会主义合格建设者和接班人是既需要具备合格的思想政治素养武装头脑又需要具有完善的人文社会科学素养熏陶思维。所以，只有加强哲学社会科学课程教师与思想政治理论课教师的建立协同交流机制，发挥彼此育人优势、通力合作才能培养出合格的人才。

四、协同育人意识上缺乏系统思考

大学生思想政治教育工作本就是一个复杂的大系统，这样一个庞大的系统其内部工作机制极具复杂性，该系统要正常有序地运转需要强烈的系统思维和全局意识的支持。辅导员与专业课教师开展思想政治教育中出现的条块分割、各自为政、精力耗散，究其缘由是对协同育人理念在意识层面上缺乏全局观念、缺乏系统观念。大学生思想政治工作主体——辅导员与专业课教师近年来也开始出现零星的相互间合作、配合育人工作，但协同育人这一观念没有深入到思想政治教育工作队伍的头脑中，也就没有贯穿思想政治工作的全过程。辅导员与专业课教师开展工作依然是"我行我素""自拉自唱"，仅仅是种好"责任田"，认为做好自己的本职工作就可以了，没有守好"整段渠"，不能充分与其他思想政治工作者合作或是配合。他们没有认识到各个思想政治教育工作者都是高校思想政治教育这个"链条"上的一环，哪个环节运行速度或快或慢，抑或反向运行都会影响整个思想政治教育系统的节奏。即辅导员与专业课教师对思想政治工作的系统思维认识有待提升，系统思维能力有待提升。高校思想政治工作是一项系统的工程，系统工程就需要系统思维进行全局思考，也就是需要高校各个部门、各个岗位上的思想政治工作者支持与配合。辅导员与专业课教师中每一类人员都有明确的工作职责，但在完成自己工作本位的分内之事的大前提是要树立思想政治教育人人有责的意识，树立思想政治教育全局观。树立全局思维观念，推动部门间形成有效整合，打破岗位职责壁垒、突破利益障碍，建立起各支队伍间的交流和协同机制，思想政治教育效果才有可能提升。

第六章 构建协同育人机制

第一节 做好顶层设计，谋划协同育人图谱

一、协同育人的目标

"思想政治教育的目的，就是思想政治教育的目标指向或价值取向。"所谓高校思想政治教育的目标协同是指各协同要素有共同的目标，这个目标指的是育人大目标，即共同的最终追求价值目标，也称之为集体目标。但在协同育人的不同实践阶段是允许个体目标差异性存在的，但集体目标仍然作为主导方向，推动指导协同育人机制前行。个体目标和集体目标之间存在层次性、关联性、整体性及动态性的特点。高校思想政治教育目标协同的层次主要是指集体目标与个体目标的起承转合。个体目标由于其专业性及实践性的要求，偏重于育人价值的生活目标及学习目标等；而集体价值主要偏重于价值目标及发展目标，这一系列的目标都遵循协同育人目标指向。但这个协同育人的总目标是具有动态性特点的，会随着时代的发展而不断更新换代。

新中国成立以来，我们的社会主义建设不曾停下脚步，而高校思想政治教育的目标要求也随之不断深化，从最初的马克思列宁主义到毛泽东思想，再到邓小平理论、"三个代表"重要思想及科学发展观，这些理论思想的发展充满了时代对思想政治教育的憧憬，而今天我们的习近平新时代中国特色社会主义思

想也在改革开放的实践中不断完善和深入，适时调整更新符合不同时期中国发展的育人需要，尊重教育对象的主体性特征。高校思想政治教育目标协同的构建是协同机制存在的最终价值，从宏观的角度来说，协同目标的构建是对整个思想政治教育协同机制建立的根本所在，是金字塔的顶层规划。同时，协同目标的构建也是整个系统育人机制的支撑所在，各环节要素的适时调整都需要育人目标的正确指导。践行思想政治教育的目标协同主要指的是通过具化的保障体系搭建，通过"规划目标—实现目标—评价目标"的搭建，切实维护目标协同的保障体系；通过协同理论注入，运用科学的教育教学管理模式，最终完成目标协同的体系建设。

二、协同育人的主体

"思想政治教育的组织者、发动者、实施者和承担者都是思想政治教育的主体，只有真正履行了这些功能与义务的思想政治教育工作与职能的人，才可以真正称之为思想政治教育主体。"我们因此可以得出，只要是真正承担了高校思想政治教育职能的人就可以作为思想政治教育的主体而存在，这个主体同时也是一个动态的变量，不仅体现在结构数量的变化，也体现在结构自身的调整、适应。高校思想政治教育主体有三个：一是思想政治教育主体，包括学校、家庭、社会等多方面参与要素构成的教育主体；二是思想政治教育对象，主要指高校学生；三是思想政治教育实践活动，主要指思想政治教育理论课以外的实践活动。它们三者之间是一种平等互通的关系，而思想政治教育的主体协同是指这些主体通过协同合作，达到资源整合、步调一致及教育合力，最终实现同步育人的效果，从而推进高校思想政治教育协同育人机制的构建。高校思想政治教育的教育者称之为教育主体，教育主体的主要职能是对教育对象的育人作用和对教育实践活动的指导作用。习近平总书记在全国高校思想政治工作会议中强调："高校教师要坚持教育者先受教育，努力成为先进思想文化的传播者、党执政的坚定支持者，更好担起学生健康成长指导者和引路人的责任。要加强师德师风建设，坚持教书和育人相统一，坚持言传和身教相统一，坚持潜心问道和关注社会相统一，坚持学术自由和学术规范相统一，引导广大教师以德立身、以德立学、以德施教。"

作为高校思想政治教育工作者，首先要正确发挥自身的主导作用，认识到自身工作的重要性。其次，思想政治教育主体应该不断改造自己、提升自己、完善自己，做到终身学习，永不停止前进的步伐，努力提升自身的专业素养和职业情怀。作为思想政治教育的传播者，应该有一种高屋建瓴的大情怀，时刻给自己和学生树立崇高的理想信念，把自身的发展与祖国的繁荣昌盛联系起来，做一个有担当的思想政治教育工作者。在协同育人机制里，思想政治教育育人主体还应当具有协同精神，以和而不同的精神尊重教育形式的多样化，以多元化的教育模式共同完成育人目标。高校思想政治教育对象指的是在思想政治教育过程中的受教育者，具体指高校学生。思想政治教育对象的受教育效果是思想政治教育的终端体现，与教育主体和实践活动主体处于平行的位置，虽然相对于其他两者传授知识来说相对被动，但是不影响教育对象充分发挥自己的主观能动性。如何发挥教育对象的主观能动性是思想政治教育工作的一项重要课题，可以通过以下"三个积极"来实现：一是积极接受思想政治教育主体的理论教育。新时代以来，"立德树人"成为当前高校思想政治教育的育人理念，这种理念的养成是不可能一蹴而就的，需要教育主体持续有效地传授，而教育对象需要持续积极地响应，这个过程是一个螺旋上升式的状态，从接收到消化再到实践要经历完整的过程；二是积极参与思想政治教育实践活动主体的实践教育。在教学实践活动的参与过程中，教育对象的主动性能得以充分的体现，例如：学生性格特质的个性化差异、成长速度的快慢差异等等。教育主体在协同机制的教学实践里可以针对学生的这些情况因材施教开展教学实践活动，以获得最大限度的教学实效；三是积极进行思想政治教育过程中的自我调节。高校学生的自我管理也是接受大学教育不可缺少的一课，大学生在高校学习期间，通过理论知识、实践活动与自我调整的有机结合才可以把教育的功能发挥得最好。教育对象通过对思想政治教育的不断追求与完善，充分发掘自身潜能也是实现思想政治教育实效性的途径之一。高校思想政治教育实践活动既能为教育对象提供自我展示和提升的平台，也能为教育主体提供了解教育对象和增进师生感情的机会。一次成功的教育实践活动可以搭建师生沟通的桥梁。

高校思想政治教育实践活动的协同教育可以通过以下几方面来开展工作：一是隐性教育。在思想政治教育实践活动中，通过教育对象之间或教育主体与教育对象之间的相互影响，不断地将教育理念和知识进行有效的转化，从而转变成了一种隐性的教育；二是内化教育。思想政治教育的最终实践目的是完成学生"知行合一"的教育，良好的思想道德修养可以促进社会的进步。教育对象通过内化的教育可以使思想政治教育的相关理念和知识深刻于头脑中，形成良好的价值观和人生观，最终达到内化的效果；三是沟通教育。思想政治教育协同育人实践活动的前提是各教育主体与教育对象的良好沟通，这是一个动态的体系，通过教育主体和对象的沟通过程可以实现思想意识形态到具体实践活动的转化过程，从而更好地进行思想政治教育的沟通教育。思想政治教育主体协同是协同育人机制的关键性步骤，主体协同程度的契合度高低决定了这个协同育人机制的成功与否，而正确把握思想政治教育主体的协同规律就显得尤为重要。首先，提升思想政治教育各主体的相互联系性。在传统的育人过程中，各育人要素相对分散独立，它们自身的力量就显得薄弱和微小，但如果它们一旦加入一个集体，各要素之间相互影响，共同作用，促进集体发展的可能性就会变大，从而产生"1+1 > 2"的协同效应，当这种促进集体发展的正面作用日益增强的同时，每个个体的获益也是不断增强的，这也将促使他们更加积极地参与协同的集体行为。这样，通过协同育人机制的建立而产生协同效益可以极大地激励各育人主体的积极性，各要素对协同育人机制的信任感和凝聚感也会越来越强。其次，培养思想政治教育各主体的协同意识。马克思主义唯物辩证法认为意识对物质世界具有能动的反作用，可见意识形态对物质世界的重要性。因此，培养各主体的协同意识和团队合作精神也是至关重要的。当思想政治教育各协同主体有了一致的育人目标时，它们之间的协同效应就为育人机制的发展提供了最原始的驱动力，使每一个主体之间相互帮助、相互促进及相互勉励，最终形成一种主体间和谐自然的状态。最后，实现思想政治教育各主体的有序发展。思想政治教育的主体通过科学有序的组织结构，确保协同育人机制的正常运行，同时在运行过程中，有序的各主体可以提升整体效果，并兼顾每个个体的发展规律。思想政治教育的主体协同的构建就是指各育人主体在遵循思想政治协同育人的规律下进行整合协同。主体协同的构建相对开放，凡是参与思想政治教育的主体都可以加入其中，面向社会，同时，育人机制在推动思想政治教育发展的过程中应反复实践和探索，不停地适时调整各主体的磨合度和参与存在感。一是正确把握思想政治教育协同育人参与主体的关系。思想政治教育协同育人各参与主体之间的关系表现为以下几个方面：第一，独立性。各参与主体之间独立存在，具有相对的独立性，他们在各自领域发挥自身的作用，本身就具有差异性。思想政治教育协同育人的参与主体主要的职能为：教育对象接受教育主体的指导、教育实践活动促进教育主体和教育对象的融合、教育主体指导思想政治教育对象。它们各自不断发挥着自身的主观能动性，在各自领域产生不同的意识思维，在协同育人的过程中，教育的手段、处理方法、具体内容和教学效果上都存在差异性，各主体之间都是相对独立的个体。第二，主动性。各协同育人主体在育人机制中，应主动接近和影响其他育人主体，各主体通过机制的权威性及制度性突破原有的思维定式和教育风格，形成新的协同育人模式，主动融合相应要素，在相互磨合与取长补短的过程中达到预期协同育人目标，并且在达到协同效应之后更加愿意主动参与协同育人全过程。第三，开拓性。协同育人各参与主体不仅应具有独立性和主动性，更应该具有开拓性，在协同育人机制当中，每个育人主体都是相对独立存在的，充分发挥它们各自的主观能动性，不断推陈出新，在制度上、内容上、方法上和过程中进行开拓创新。

思想政治课程是提高大学生思想政治水平、培养大学生良好道德素养的主阵地。思想政治教育课程中教师应当加强认识，明确教学目标，共同致力于大学生道德品质的培养。思想政治教育课程的各个子课程要加深联系，突出道德品质培育的共同主题，教育者与管理者也应当加强协同。思想政治课程教师应当与辅导员、学校党团支部加强协同，深入了解学生的思想政治状态，提高辅导员工作的针对性，使党团支部能够有效开展学生工作。同时，思想政治课教师应当认真总结学生思想政治教育工作中的问题，并将其反映到党团支部，进一步完善思想政治教育工作。思想政治教育不应当局限于课堂教育，教育者与管理者应当加强协作，探讨开展实践活动的方式。思想政治教育系统可以充分借助学生社团的力量，借助学生社团开展思想政治教育活动，例如由学生社团在"国庆节"等重要节日开展诗歌朗诵会、演讲比赛等活动，在具有趣味的文娱活动中贯彻思想政治教育，这种教育形式的开展也十分符合协同育人的理念。专业教育也具备充分的思想政治教育空间，通过专业课教师与思想政治教师的协同合作，培养思想政治素养与专业知识水准兼备的人才。要提高专业教师同思想政治教育教师的协作，首先要保证专业教师具备较高的思想政治素养，能够在专业教育中体现全方位育人的目标。学校应当把好教师入职的第一关，明确学校教师录用标准，提高对专业教师思想政治、职业素养、道德水准的要求，发挥专业教师为人师表的作用。教师入职后要定期组织专业教师进行政治学习，让专业教师理解党和政府在高等教育上的最新要求，让专业教师在平时的专业教育工作中传播社会主义建设所需要的先进理念，担当起引路人的责任。学校应当建立思想政治教育教师与专业教师的沟通机制，同时要加强专业教育领域内的德育因素，让专业教师引导学生形成良好的学风和科研作风。在一些学术问题上，专业教师要从思想政治认识的高度出发，作出正确的判断，引导学生形成正确的学术观念，自觉抵制不良学术风气。专业课教师同辅导员之间也可加强协同，让专业教育领域内更多地体现出道德品质培养、思想政治水平提高的因素。二者应当在明确各自职责的基础上，充分进行沟通，寻找专业课教育与辅导员工作之间的重叠部分，利用工作内部的重叠处开展协同教育。应当检视教学实践中的固有做法，学习优势经验，并通过充分的沟通将其进行固化，形成常规的教育工作方法，学校应当制定一系列的工作指导性文件，为专业教师与辅导员之间的协同建构一个行之有效的框架。可以选拔一部分业务精尖、思想政治水平高的教师担任班主任，因为班主任是专业教师与辅导员协同的重要桥梁。班主任可以就专业教育中的思想政治教育渗透问题同辅导员展开探讨，为教学工作寻求更多支持。

在常规的专业教育中，为了提高思想政治教育渗透效果，教师应当充分利用学生党员的优势，让学生党员发挥带头作用。专业课教师在就业指导工作中能够起到不可代替的作用。多数大学生在毕业后都倾向于寻找同专业相关的工作，专业课教师具备精深的专业知识，并对某一专门领域的行业动向具有较深的理解，因此可以为学生提供充分的指导。学校可以实行专业课教师导师制，为高年级学生指派专业导师，在提供学业指导的同时也给予就业建议。专业教师对学生的就业指导工作不应局限于就业信息的提供，还应当力所能及地帮助学生做好职业规划，让学生明确就业方向，并消除对就业的负面情绪。就业指导处工作人员应当扎实做好本职工作，收集人才市场所需要的技能信息，并汇总反馈至专业教师处。专业教师可根据就业需求信息为学生提供指导，同时也以此为参考依据，完善常规的专业教学工作。高校思想政治教育协同育人机制的主体虽说是相对稳定的，但其范畴是在不断扩张的，教育主体随着社会的进步，其参与要素日益充实，教育对象在数量上不断增加，教育实践活动形式也逐渐丰富。高校思想政治教育协同育人机制的持续稳定运行，需要实现各参与主体的融合互通。

四、协同育人的内容

高校思想政治教育协同育人机制是一种有机的整合模式，是思想政治教育发展的必然趋势。这种机制建立的协同内容主要是指对受教育者的思想政治教育价值的内在统一，具体内容体现在适应社会发展的意识形态、具有科学的价值理念和民族凝聚力的培育上，机制内各主体要素的教育内容需具有一致导向性。对于思想政治教育内容协同的原则主要可以概括为以下几个方面：

成长性原则。本原则主要体现在两个方面，均是由于受教育者为高校学生这个特殊的群体。从高校学生自身的成长角度出发，他们自身的思想认知水平是在不断发展的，"20 世纪 60 年代以来，儿童道德发展的研究开始流行，皮亚杰和科尔伯格对于儿童的道德判断和道德推理占据了道德心理学中的核心地位，在此后的近 20 年时间里，几乎所有的相关研究都围绕儿童的道德推理能力发展展开，道德判断的研究走向高潮。"因此，根据高校学生的道德发展水平的特征，思想政治教育的内容协同需具备成长性原则来吻合高校学生的自身发展特点；另外，从思想政治教育理论的创新角度来说，思想政治教育的内容应该具有时代感，对时代的接受应该不断接纳提升，但同时这样的创新要有针对性，符合当代大学生的特点和接受能力，因此，思想政治教育的协同内容也是需要不断成长的。

科学性原则。思想政治教育是一门系统科学，它的具体教育内容不管是理论知识还是实践教育都必须具备科学性的原则，这就要求机制的各主体之间既做到资源共享、理念互通的前提下，又能做到协同育人、系统匹配，这种协作性是有一定技术要求的，因此，思想政治教育的内容协同需要一定的技术支持，只有通过科学技术系统分析匹配之后思想政治教育内容才能发挥出它的协同整体效应。

交互性原则。高校思想政治教育协同育人过程中，协同育人主体之间的适应性是教育内容是否得以舒畅开展工作的一大体现要素。机制各教育主体通过互动和多项沟通可以实现多层次性和多重叠性的思想政治教育，在重叠过程中可以省去重复冗余的无效教育手段，同时可以优化教育内容的资源配置，在各层次的沟通过程中很好地对教育内容进行适时调整，做到因材施教。

整合性原则。整合性原则指协同育人机制的系统整合性，通过协同机制的建立可以更好地把握教育内容的纵向广度性和横向协调性，避免不同教育主体在教育过程中的不一致产生消极影响。

超前性原则。思想政治教育内容协同会随着时间和外部环境的变化而发生改变，同时，各教育主体的发展需求也是会有差异性的，因此，思想政治教育内容协同上应做到超前性，即保证教育内容的稳定性、前瞻性，以求得内容协同的持续有效向前发展。衡量一种科学理论是否具有生命力，要看它是否尊重科学、服务人民、注重实践、勇于超越和追赶时代。

高校思想政治教育的内容协同主要有德育教育、思想政治理论教育、心理健康教育等，将这些教育内容通过协同育人机制在传授理论知识的同时注重价值观念的影响并且注重教育实践活动的实效性。然而我国高校的思想政治教育育人现状存在吸引力差、实效性不强等种种问题。许多高校的思想政治理论课在教学时大多采用大班额教学，这种教育形式受制于管理困难，往往采用灌输式方法进行教学，教师通过理论灌输使学生被动接受，这种教育模式难以因材施教，往往忽略学生个性差异和成长特点，导致授课教师虽辛苦耕耘，但学生却兴致寥寥，甚至产生抵触心理，这使得思想政治教育理论课的主阵地和主渠道功能发挥大大受限。再有，从学生的角度出发，大学阶段是高校学生人格发展的关键时期。然而，受社会经济发展及国内外形势的影响，各种社会思潮涌现，有些大学生的思想观念受某些社会思想影响，甚至开始出现偏差，功利思想盛行，大学生自身往往不注重思想政治素质和人文修养的提高，只是一味追求专业技巧类的提升，这必然会造成学生在主观上就弱化了思想政治教育教学的实效性。在互联网的时代背景之下，传统的思想政治教育方式方法已经逐渐不能满足时代的需求。在新时期的高校校园，传统的思想政治教育授课方式已经逐渐失去了其以往的优势。随着自媒体的发展，高校可以通过微信微博公众号来进行思想政治教育宣传，使学生更快速、更准确且更易于接受思想政治教育。但在形式的多样化的同时，更应该重视思想政治教育的内容。综合以上种种状况，高校思想政治教育协同育人机制的构建迫在眉睫，协同育人机制的内容协同可以从以下几个方面进行：

政治素养教育协同。政治素养的培育是思想政治教育中最重要的内容，主要包括思想政治素养教育、思想品德教育、校情校史教育等，其中思想政治课程教师、辅导员、校史馆工作人员扮演了主要的角色。思想政治素养教育暗含了党建团建工作部分，要求学校号召学生积极入党，并开展丰富的党团活动、丰富学生的校园生活。从广义上说，思想政治模块还包括学生心理教育，这需要高校的各位辅导员配合学校心理咨询处的专业工作者一起实施。

专业课教育协同。学业教育模块包括专业教育实施、学风引导、考风培养以及精英典型教育等，其中涉及多个教育因素。专业教育由二级学院领导安排，并由专业教师来负责，辅导员及班主任进行配合。学风教育需要学校教师、辅导员以及校园文化建设工作者相互配合，一起引导优良学风的形成。考风监察则要求辅导员、教务处密切合作，以预防为主、监察为辅，保证学生的考试诚信。同时可以让学生带动学生，在群体中传播正能量，提高大学生的思想道德水平与专业素养。

团学教育协同。团学教育以团学活动的形式展开，具体可以呈现为不同的主题。在专业素质培养方向上，可以表现为以团体学习形式展开的大学生科技创新教育；在社会实践方向上，可以表现为以青年志愿者活动形式展开的社区义工服务实践；在学校党建团建方向上，可以表现为组织学生集体学习党团精神；

在校园文化方向上，可以表现为班级文化建设、宿舍文明建设、学校文体活动等。

就业指导协同。就业指导是高校教育的重要内容，在毕业生就业困难的形势下，高校教育应当更多地体现出就业导向。在就业指导上应当注重个性化策略，建立多功能、有针对性的高校就业指导平台。同时，在学生入学时就应当为学生提供职业规划指导，让学生尽早适应职场。就业指导可以由辅导员、校就业指导中心配合实施，在职业规划教育方面还可以引入心理教育的机制。

五、协同育人的方法

随着社会的发展和教育的进步，高校思想政治教育内容得到不断更新优化，思想政治教育的实施方法也得到了深层次的拓展。按照普遍认可，高校思想政治教育的具体实施方法主要包括四种：一是基本方法，包括实践教育法、批评与自我批评法、理论教育法；二是一般方法，包括典型教育法、激励与感染教育法、疏导教育法、自我教育方法及比较教育方法；三是特殊方法，包括冲突调节法、预防教育法及思想转化方法，其中心理疏导方法、心理咨询方法、危机干预方法等已成为常用的思想政治教育特殊方法；四是综合方法，在新时代背景下，隐性教育法和网络教育法也加入思想政治教育基本方法的队列，高校思想政治教育方法随着社会和教育的发展不断完善健全，在协同育人的机制里，不管是何种方法都要既兼顾宏观指导方向又具有普遍的指导意义，同时适用于思想政治教育各教育主体，能够适应不同思想政治教育主体的特点。高校思想政治教育方法协同需要具备以下几个条件：首先，方法的选择要具有针对性，这个针对性既指各教育主体方法的适用性，也指整个协同机制的特色性。只有选择适合社会发展的思想政治教育协同方法才能更好地构建及发展思想政治教育协同机制。其次，方法的选择要具有整合性，在追求方法的针对性后更应该讲究方法的整合性，这是对协同机制集中优势的一个体现。在方法的构建上首先应该合理地进行取舍，高校思想政治教育经过多年的发展已经积累不少优秀的教育方法和教育经验，我们在协同育人机制的构建上，应该选取有利于机制构建的方法给予采纳和吸收，同时结合机制的特点顺应时代潮流有效地被利用。

同时也应该立足全球，着眼走向全球教育界，从教育的本源出发，选取适应全球环境的教育方法同时又合理借鉴国外优秀的教育方法，以求达到国际化的思想政治教育方法。在继承传统思想政治教育方法和借鉴国外优秀教育方法的基础上，充分发挥方法探究的主观能动性，做到既有效继承借鉴又创新探索，最终制定一套适合高校思想政治教育协同育人机制的方法协同。首先，在利用好思想政治教育理论课教学这个主渠道的同时，其他多渠道协同育人，思想政治理论课要始终坚持走在改革发展前进的道路上，切实全面提升思想政治教育的亲和力和实效性。同时打好配合战，其他课程在授课的同时积极配合思想政治教育的理念灌输，使各类课程都与思想政治教育同向同行。其次，完善思想政治教育教材体系，建立学科权威教材，在不同的高校应用不同的教材，做到因材施教，同时公开相关理论研究成果，建立科学的科研成果体系，健全全方位社会科学体系。然后，高校党委等直接领导都应参与思想政治理论课的建设，把思想政治教育工作与党的宣传工作有机结合，切实做好学生的思想政治教育工作，做到从领导层面就给予高度重视。最后，思想政治教育的创新要结合学生实际，要做到思想政治教育协同育人的创新发展,应该结合高校大学生的特点。不能新瓶装老酒，注意途径方法，把重点放在学生需求上。虽然我们应用了多种新媒体，增加了学生接触互联网的必要时间，但还是要告诫学生不要过度上网，上网是获取知识的一种手段，但是不要让网络占据生活的全部。

第二节　破除壁垒，打通育人通道

一、破除课堂建设壁垒

（一）推动辅导员走入第一课堂

高校辅导员参与思政课教学的政策依据。党中央对辅导员参与思政课教学工作高度重视。《关于深化新时代学校思想政治理论课改革创新的若干意见》除对辅导员参与思政课教学做出明确规定外，还在高层次人才项目、岗位津贴、干部队伍建设等方面，将辅导员与思政课教师同部署、同推进，对辅导员参与思政课教学提出进一步的指导意见。主管部门出台一系列政策，对辅导员参与思政课教学给予大力支持。一是明确辅导员具有教师和管理干部双重身份，二是将辅导员作为思政课教师队伍重要来源，三是提出辅导员参与思政课教学的能力要求。《高等学校辅导员职业能力标准（暂行）》将参与"思想道德修养与法律基础""形势与政策"等课程教学作为中级以上辅导员的职业功能，对其能力要求、相关理论和知识作了明文规定。

高校辅导员参与思政课教学的实践基础。辅导员是大学生思想政治教育的骨干力量，兼具教师和管理人员双重身份。辅导员作为教师，也应承担相应课程的教育教学任务。当前，辅导员参与和组织实施的教学内容不少，如心理健康教育课、就业创业指导课以及大学生的党课等，大多数辅导员都有开展课程教学的经验，掌握了一定的教学技能和方法，能够实施教学活动。在思政课教学方面，辅导员参与"形势与政策"课教学在高校已是较为普遍的现象，这也符合《教育部关于加强新时代高校"形势与政策"课建设的若干意见》的要求。此外，目前辅导员队伍中，参与"思想道德修养与法律基础"课教学的也大有人在。还有一些辅导员通过举办讲座对学生进行思想政治教育。笔者参与的一项针对 4000 余名辅导员的调研显示，在开展思想政治教育工作的形式方面，55.5% 的辅导员能够经常组织开展思想政治教育系列讲座。还有的辅导员积极承担思政课教学的实践内容，把思政课上到了田间地头、工厂车间、社区军营，推动思政课在实践层面的创新。这些都为辅导员开展思政课教学打下了坚实的实践基础，参与思政课教学也成为辅导员实现专业化发展的重要方法。

辅导员参与思政课教学具有三个方面的优势。第一，政治素质强。辅导员的主责主业是思想政治工作，这就要求辅导员自身必须具备过硬的政治素质。事实上，从 1953 年清华大学倡导并建立"双肩挑"政治辅导员制度开始，自觉擦亮政治底色、确保过硬的政治素质，一直是党和人民对辅导员的基本要求，也是这支队伍的价值追求。广大辅导员具有较高的政治素质和坚定的理想信念，能够正确研判新形势、新任务、新问题，帮助大学生坚定理想信念、树立正确的政治方向。第二，距离学生近。辅导员每天都要面对学生，具有接近学生的天然优势，能够及时把握大学生的思想动态，更容易找准思想理论教育和大学生理论兴趣的共鸣点，更容易与学生有"共同语言"，用学生喜闻乐见的方式把理论讲清楚、讲透彻。第三，数量规模大。自 2004 年中共中央、国务院《关于进一步加强和改进大学生思想政治教育的意见》下发以来，辅导员队伍专业化职业化建设理念深入人心，队伍规模不断壮大。经过十几年的建设，目前全国辅导员队伍已达 14 万人，且每年都有一定数量的新鲜血液补充到这支队伍中来。辅导员数量规模大，挑选符合条件的人员参与思政课教学更有余地。

如何加强辅导员参与思政课教学的顶层设计。第一，建立辅导员参与思政课教学的遴选机制。高校应落实"政治要强、情怀要深、思维要新、视野要广、自律要严、人格要正"的要求，明确辅导员参与思政课教学的条件，完善遴选程序，通过选聘、试讲、培训、督导等环节，遴选出符合条件的辅导员，充实思政课教学团队。第二，优化辅导员参与思政课教学的内容。结合辅导员队伍的特点，充分发挥辅导员熟悉学生思想状况、组织协调能力强、实践经验丰富等特点，让辅导员可以更多参与"思想道德修养与法律基础""形势与政策"中特定章节、专题的课堂教学以及思政课的实践教学。第三，明确辅导员工作职责。高校应落实好《普通高等学校辅导员队伍建设规定》，进一步明确辅导员的工作职责，将辅导员从繁杂的事务性工作中解脱出来，使更多辅导员参与思政课教学成为可能。同时，也让参与思政课教学的辅导员能够专心致志研究好如何上课、上好课。第四，完善评价激励机制。充分发挥评价机制的作用，更好地引导和激励辅导员参与思政课教学，提高思政课教学质量。坚持自我评价和他人评价相结合、定性评价和定量评价相结合、过程评价和定期评价相结合，努力实现评价主体的多元化、评价内容的科学化、评价方法的多样化，对辅导员参与思政课教学的质量进行综合评价。应把辅导员参与思政课教学作为辅导员专业化发展的重要途径，将教学质量的评价结果与辅导员的发展晋升相关联。同时要建立劝退机制，对于评价不合格的辅导员，不再聘任其从事思政课教学工作。

如何提高辅导员参与思政课教学的能力水平。第一，不断完善辅导员的知识背景。一方面，高校要注重从马克思主义理论、政治学、法学、党史党建及相关学科中选聘辅导员，遴选一批具有思政课教学宽口径知识储备的后备力量；另一方面，对于参与思政课教学的辅导员，要加大思政课相关知识背景的教育培训力度。辅导员也应根据所讲授课程的要求，主动加强学习，提高自身的知识水平。第二，要不断强化辅导员对教学内容的把握。辅导员要根据所讲授的思政课课程编入相应的教研室，接受统一管理，参加集体备课。辅导员要系统学习教材和教学大纲的内容，积极参加教研室的学术交流、培训研修等活动，以便更好地把握教学内容，开展教学活动。第三，要加强辅导员教学话语体系建设。辅导员开展思政课教学，要突出政治话语的核心地位，在内容、方式和效果评估等方面都加强政治话语建设，学深悟透习近平新时代中国特色社会主义思想，并用于指导和融入思政课教学；要强化学术话语的支持作用，提高思想政治教育学术水平，以透彻的学理分析问题、讲述道理，提高思政课教学的信服力；要注重运用贴近学生实际的生活话语，多使用反映现实生活和时代发展的鲜活话语、针对学校专业特征和学生年龄特点的生动话语、体现现代技术发展和网络普遍使用的新型话语。这也是辅导员最擅长的。第四，探索辅导员参与思政课教学的有效方法。辅导员开展思政课教学，可以结合教学内容、学生特点和自身实际，多采取案例教学、情景教学、主题研讨、社会实践、校园文化建设等方式，努力实现思政课教学的"配方"先进、"工艺"精湛、"包装"时尚。

（二）吸引专业课老师走入第二课堂

专业课教师参与第二课堂能够有效促进大学生专业能力、科研素养和综合素质提升。在大学学习中，知识接收是在"第一课堂"，而巩固与提升、深化与运用则需要在"第二课堂"完成，这就特别需要专业课教师的指导。专业课教师参与第二课堂，为学生提供学习辅导与学术训练，既能有效巩固第一课堂的教学效果，又能提高学生的专业能力、科研能力、学术水平，使学生获得专业成长。

专业成长是专业课教师参与第二课堂的内生动力。第二课堂较第一课堂更为生动活泼、自由灵活，是另一种形式的教育教学实践。专业课教师参与第二课堂，一方面能够摆脱书斋式教学，在与学生的交流互动中，通过学生反馈，反思教学中的问题，提高教学能力；另一方面在与学生的互动中，获得学术灵感，发现具有现实意义的实践课题，拓展研究领域、凝练研究方向、增强学术能力、产出学术成果。第二课堂是专业课教师成长为一名优秀教师与优秀学者的丰厚沃土。

专业课教师参与第二课堂是"三全育人"理念的具体体现。专业课教师作为高校育人体系中的重要育人主体，其参与第二课堂，不仅传授学生专业知识、引导学生掌握学科前沿动态、增强实践能力，而且与学生形成学术共同体，激发学生科研精神和创新意识、团队精神和协作意识，并引导学生担当社会责任，树立家国情怀，极大地推动了"三全育人"理念的实践，深化了育人理念。

"纸上得来终觉浅，绝知此事要躬行。"大学生在第一课堂获取的只是书面知识，而要将知识转化为技能，实战演练必不可少。"第二课堂"便是大学生进入职场之前的演练场。专业课教师在学界、业界拥有强大的同学、师长资源，他们参与第二课堂，架起学校、学界与业界沟通的桥梁，使学生参与专业实践、实习实训的通道更为畅通，校企合作更为密切，进而建立起以学科专业为基础，应用创新实践为主要途径的人才培养体系，培养更符合社会需求的人才。

高校要"着力培养德智体美全面发展的社会主义建设者和接班人，着力培养担当民族复兴大任的时代新人，不断开创新时代高校思想政治工作新局面。"第二课堂是第一课堂的延伸，也是"思政课程"与"课程思政"的延伸，承载着思想政治教育功能。对中央财经大学的调查显示，学生认为专业课教师参与第二课堂对自己的最大帮助是培养科研兴趣和开阔学术视野，其次是人格培养、为人处世、学习习惯。这说明，专业课教师参与第二课堂对学生的支持是全方位的，不仅能提高学生的学习学术能力与专业素养，还能涵育学生品行，强化学生的理想信念、价值理念与道德观念。专业课教师既是第一课堂的主讲者，又是第二课堂的指导者。第二课堂与第一课堂同向同行，形成育人协同效应。

"学术靠的是与知识整体的关系。倘若脱离了与知识整体的关联，孤立的学科就是无本之木，无源之水。""专业"既有其知识的专属性，又有可迁移性；而专业精神、专业思维尤其能在不同领域发挥作用。在统一的科学视野中，各个专业之间存在互通互融的部分，在第二课堂中并不存在严格的专业壁垒。要使专业课教师树立"所有知识门类的整全意识""学问理念相互关联的意识"，充分认识到专业在第二课堂中的溢出效应，在包括学术科研在内的各种活动中都能找到个人专业知识、专业思维与专业能力的发力点。构建专业课教师参与第二课堂的保障机制，一是时间保障。任何工作都需要时间投入。专业课教师承担着繁重的教学任务，在有限的时间和精力条件下，让他们积极参与第二课堂，并保证第二课堂教育效果与第一课堂教学效果达到同等水准，显然不现实。此时，工作量减免等措施是对专业课教师参与第二课堂的强有力支持。二是制度保障。建议将专业课教师参与第二课堂纳入教师教学工作量，参与第二课堂时间计入课时；在第二课堂中师生合作的科研成果，计入科研工作量；在第二课堂中学生在专业课教师指导下产出的科研成果，计入教师教学成果，条件成熟的高校可以在职称评审中作为体现教学绩效的部分。建立专业课教师参与第二课堂的激励机制。专业课教师参与第二课堂更多的是追求精神层面的回报，但这项工作需要投入大量时间和精力，且多占用个人休息时间，这种时间与精力的付出理应得到某种方式的肯定。对此，建立科学的奖赏机制与荣誉表彰体系很必要，比如授予荣誉称号进行精神激励，给予经济补偿进行物质激励。这样，一方面能够增加专业课教师参与第二课堂的工作成就感与获得感；另一方面也会在一定程度上激发起不愿参与第二课堂的专业课教师的热情。强化专业课教师参与第二课堂的协同机制学生成长成才是一个系统工程，依赖于整个教育系统的合力，需要学校各领域、教育教学各环节、人才培养各方面的育人资源和育人力量。同样，推动专业课教师参与第二课堂，完成第二课堂的育人使命，光有专业课教师的热情是远远不够的，还需要高校人事部门、教务部门、科研部门、学生管理部门、各教学单位等各部门、单位的合力支持。各部门、单位不仅要支持专业课教师参与第二课堂，也要明确各自在第二课堂运行过程中的定位与职责，强化责任落实，并能够坚持协同联动、互相支持、相互配合、密切协作。如此，才能形成专业课教师参与第二课堂的系统合力，实现全员全过程全方位育人。

二、破除队伍组成壁垒

（一）吸纳专业课老师担任班主任

著名教育家徐特立先生认为教师有两种人格：一种是"经师"，一种是"人师"。何为经师和人师？简单来说，经师只是教学生学问和知识，除此之外什么也不管的教师，而人师则是教学生行为规范和怎么做人的教师。经师，除了教授学生知识，与学生有关的其他方面，他们都不负责，但是，人师则要管理学生的各方面。俗话说，经师易得，人师难求。长期以来，高校存在着专业教师只负责传授学生知识和学问，而专职工作者只负责对学生进行思想教育和日常事务管理的现象。为了促进大学生的全面发展和提高高校教师的能力和素质，高校提出了"全员育人""全程育人""全方位育人"的"三全育人"理念，从政策、制度等方面强调了教师教书育人的职责。但在实际工作中，依旧很难摆脱教书和育人相互脱节的"两张皮"现象。专业教师兼任班主任的制度设计，是将教书与育人职责有机统一的有效途径。教书与育人是教师职责的应有之义，教书和育人是紧密相连、相互渗透的两个方面。其中教书主要是指将学生培养成为专门人才，使他们具有比较扎实的理论基础和渊博的学识，以及独立获取知识的能力和创新意识，就是提高学生的科学文化素质。育人则重在将学生培养成为具有坚定的理想信念、科学的世界观、人生观和价值观，以及较高的思想道德品质，促进学生德、智、体、美、劳全面发展，就是提高学生的思想道德素质。"教书育人"，就是指教师在有目的、有计划地传授科学文化知识的过程中，对学生进行思想政治教育，依据学生全面发展的要求，实现其培养目标。专业课教师担任班主任为"教书"和"育人"两种任务的结合提供了便利的条件，把两者很好地结合起来了，这对于高校教师教书育人使命的完成，"三全育人"理念的实现，高校教学任务的实现，推动高等教育内涵式发展具有重要意义。

专业教师从事班主任工作有利于提高教师素养和教学质量。"教学相长"、互相促进是科学教学观的主要内容。现在的大学生犹如一台电脑，如果你仔细观察，你就会发现每一位大学生都有其闪光点，如思维活跃、想象力丰富、独立意识强、多才多艺等，师生交流可相互取长补短、相互启发、共同提高。高校教师从事班主任工作能加强师生联系、交流和沟通，有助于专业教师更全面、准确地了解学生的需求。这对教学内容的拓展，教学方法的改进，保证课堂教学的效果都有益处，对更好地提升教学质量和水平具有积极作用。专业教师从事高校班主任工作有利于提高其各方面的能力和素质。通过与学生近距离接触，专业教师有机会获得第一手的研究资料，拓宽理论研究视角，有利于专业教师合理规划研究课题，提高自身在学术研究、科研方面的能力和修养。班主任根据学生学习、心理、思想、生活的实际情况组织开展大学生思想政治教育活动，思想政治教育活动的顺利开展有利于提高教师的组织能力和协调能力。高校和社会环境不断变化，大学生不断发展，班主任经常会遇到一些新问题和新要求。这些新问题的顺利解决有利于提高教师解决问题的能力，促进其创新能力的发展。高校、大学生经常会出现一些突发事件，班主任对突发情况的处理，可以提高其处理突发事件和复杂问题的能力。总之，高校教师担任班主任工作有利于提高其各方面的能力，使自身朝着更高更好的方向发展。"加强辅导员、班主任队伍建设，是加强和改进大学生思想政治教育和维护高校稳定的重要组织保证和长效措施，对于全面贯彻党的教育方针，把大学生思想政治教育的各项任务落到实处，具有十分重要的意义。"

长期以来，高校高度重视班主任队伍在大学生思想政治教育中的积极作用。高校班主任作为大学生专业学习的指导者，在学风建设方面发挥着积极作用。培养大学生具有良好的学风、促进大学生全面健康发展是班主任的主要工作职责。专业教师担任班主任，在教书过程中，谨记育人任务，将教书与育人有机结合起来，把大学生思想政治教育与学风建设有机结合起来，有利于更好地对大学生进行思想教育，进而实现立德树人的根本任务。班主任利用自己的专业优势，激发学生的学习兴趣，帮助学生掌握科学有效的学习方法和技巧、养成良好的学习习惯。借助自己的科研能力，指导并参与大学生相关学术、科研活动，帮助学生在各种大学生科技比赛中取得成功，有利于提高学生的科研能力和创新能力。

高校班主任作为大学行政班级的管理者，在班级日常事务管理中发挥着积极作用。高校正常教学和教学质量的提高与班级日常管理工作有着密切的联系，良好的班级管理有利于高校各项工作有序进行，是一件十分重要的实践活动。班主任在班集体管理中承担着重要职责，就现阶段而言，班主任在班（团）干部选拔和培养、班风建设、班集体建设、班级活动开展、贫困生建档、推优评先等方面开展着积极有效的工作。班主任在参与班级日常事务管理的过程中，积极与本班学生进行交流和沟通，帮助他们解决思想、心理、学习、生活等方面的问题，有利于建立良好的师生关系，扩大班主任的影响力，提高班主任的权威，更加有利于发挥班主任在班级管理中的作用。高校班主任作为大学生健康成长成才的引路人，在大学生职业生涯规划中发挥着积极作用。近年来，党和国家高度重视大学生就业问题，专业教师担任班主任工作为解决大学生就业问题提供了一条良好的举措。班主任是与大学生较亲近的教师，能够比较客观地了解和掌握大学生的性格、爱好和能力，在一定程度上能为学生的职业生涯规划提供有效的指导和帮助。在大学生就业指导工作中，班主任发挥着自身具有的社会资源优势，为大学生提供有价值的就业信息参考，帮助大学生更好更快地就业。高校班主任作为思想政治教育工作者，在学生心理辅导和高校稳定、和谐发展工作中发挥着积极作用。随着时代不断发展，社会变得纷繁复杂，学生心理也日益脆弱，大学生很容易出现一些心理问题和其他突发事件。班主任平时通过授课和班级管理，与学生交流与沟通，能全面了解本班学生，及时发现一些有心理问题的学生，给予他们心理建设。在学生遇到问题和突发事件时，能够有效地帮助他们解决问题和处理突发事件。新形势下，高校维稳工作仍然十分艰巨，需要发挥各方面的力量。班主任是思想政治教育的一线工作者，能够深入到学生群体中，凭着他们对党的忠诚、对学生的影响力，开展及时、有效、有针对性的思想政治教育工作，维护高校稳定、和谐发展。

（二）加强专业课教师担任学生社团的指导老师

高校学生社团组织既是活动平台，也是思想教育载体。通过社团活动的锻炼提高大学生综合素质，普遍得到各大高校认可。在高校学生社团建设呈现良好发展态势的同时，也存在一些问题，如教师融入学生社团难度大、效率低等。为更好发挥教师在学生社团中的指导作用，提升学生社团品牌效应、提高学生社团效率发挥，有必要探索教师融入学生社团的机制。高校学生社团属于"非正式组织"，其成员来自不同年级、不同专业。他们以自愿为原则，以共同兴趣爱好为纽带，遵循一定行为准则和管理规范，按照自定章程开展活动。这就决定了学生社团组织管理结构较为松散、人员不够稳定等特点；高校学生社团聘有指导老师，但因老师专业背景和投入时间情况存在差异导致其在社团活动开展中发挥的作用不一致。有的老师甚少关心，偶尔参加社团活动；有的老师比较认真，制订计划并积极参加社团系列活动。

社团自身建设规范性不够。在制订完善的活动设计和实施奖惩措施等方面，社团指导教师未能很好地规范操作模式，导致学生社团缺少制度约束和保障，缺乏凝聚力，活动目标不清，乏味无趣，加之社员管理不够规范，人心不稳。社团开展活动不规范。学生社团活动强调自主参与、自愿组合，充分发挥学生个性，大部分活动目的在于感受参与的愉悦。因此，社员对不感兴趣的活动缺席率较高；社团活动的组织者在策划宣传、制订活动方案、组织协调、后续宣传报道等环节未能妥善安排，往往使会员感觉活动较为随意，进一步流失社员；加之社团活动内容娱乐化、缺少内涵品位等诸如此类因素，对社团建设和品牌形成带来冲击。所以，指导教师对活动的把控和引导在此显得尤为关键。社团老师指导工作积极性不高。要使学生社团健康发展，形成品牌，指导教师必须发挥相关作用，而目前这方面却存在较多问题：首先，学生社团的指导教师大都由教师兼任，教师自身有着繁重的教学或行政工作；其次，教师指导社团的工作量核算和报酬统计不够明确，缺失指导社团的机制保障。以上诸多原因导致不少社团教师指导工作积极性不高。高校社团工作的顺利开展除了社团成员热心投入、精心准备之外，至关重要的一点是充分发挥指导教师的作用。

教师指导有利于社团健康而长远的发展，因此有必要进行高校教师融入学生社团工作机制探索。目前，教师融入学生社团管理制度在某些方面还存在缺陷，如针对指导教师的管理规定不健全。高校团委和社团管理部门应出台社团指导教师的管理制度，明确指导教师应承担的社团管理指导内容，即对社团成员进行培训指导，还要帮助社团制定有效的管理制度。建立教师融入学生社团工作的培训交流机制。培训是一种有组织的知识传递、技能传递、标准传递、信息传递、信念传递、管理训诫行为。通过有效培训，可以让指导教师更好地对学生社团进行管理。学校建立指导教师培训交流机制，定期安排指导教师参加校内外有关培训，开拓本院校社团组织活动经验交流渠道，搭建与其他院校指导教师的交流与合作平台，以进一步拓宽指导教师眼界，提高其指导水平。

建立教师融入学生社团指导的考核机制。学校应该建立社团指导的考核机制，对社团指导教师的阶段工作进行客观公正的评价，明确其对社团发展和校园文化建设的任务，激励指导教师继续努力提升绩效，督促低绩效的指导教师找出差距，对不合格指导教师进行淘汰，健全聘任机制和激励机制建设。对指导教师考核合格以上的给予相应的工作量计酬或奖励。综上，不断建立和完善指导教师融入社团工作有关机制，形成与学生社团发展相适应、能促使社团指导教师更好发挥作用的管理举措和激励机制，让更多优质的社团活动为培养学生综合素质和提高学生社会活动能力服务，并且促进辅导员与专业课教师的协同育人工作。

三、破除待遇薪资壁垒

辅导员承担着大学生的思想政治教育工作，是大学生的良师益友，也扮演他们心理发展的引领者、职业生涯的规划者、安全稳定的维护者等多重角色。工作要求高、任务重，但目前辅导员薪酬水平相对较低，受重视程度相对较轻，这种付出与收获的不平衡性，加之与其他教师在待遇上的差距，很容易导致辅导员心理失衡。

按照美国心理学家亚当斯于 1956 年提出的公平理论认为：员工会将自己的报酬和付出的劳动与其他相当条件的员工所做的工作和所获得的报酬相比较，假设两者间等值，那么员工感觉到非常公平。亚当斯提出了一个简易的公式：Op ／ Ip-=Or/nr。公式中大写的字母 O 和 I，分别表示有关人员所获"结果"（即报酬）和他们所付出的工作"投入"（即贡献）；小写字母 p 与 r 则是脚注，分别代表"当事人"与"参与者"。亚当斯指出：当公式成立时，当事者将感受公平，并认为分配是公平、合理的，令人满意的；当公式不成立时，员工就会产生不公平的感觉。"这种公平和不公平感是由客观刺激作用于个体而在个体心理上产生的一种主观判断，对个体的积极性和工作态度产生很大的影响。"从对我们调查地区的高校辅导员情况来看：影响辅导员工作积极性非常重要的一点原因就是付出和所获得的报酬比例不均衡，导致了这种不公平感觉的产生。

从高校辅导员的产出投入比，我们看出了其中存在的问题：高校辅导员由于工作压力大、任务重，投入的人力物力与其所获得的报酬相比严重失衡。绝大部分高校辅导员在做好自己本职工作的同时，还要处理各种生活琐事和突发问题，这就牵扯了他们太多的精力，相应的对学生的思想政治教育工作也就打折扣。辅导员由于吃住均在学校，因此，辅导员每周和学生待在一起的时间超过 30 个小时的有 37.3%，20—30 个小时的超过了 20% 的比例，由此可见，辅导员大部分时间与学生相处，自己的私人生活空间也就相应地减少了。以一个学期为期限，几乎全部辅导员都和班上大部分学生进行过交流，帮助他们解决心中的疑惑，处理他们生活学习中遇到的问题；只有少数的辅导员和为数不多的几个学生进行简单交流。与此同时，我们从调查结果中不难看出，有大约 40% 的辅导员带的学生都不少于 150 人，也有一部分辅导员带的学生超过了 300 人，如此一来，辅导员的工作量可以说是超负荷，非常繁重。除了对学生的关爱帮助需要时间以外，辅导员在金钱的投入上也是一笔不小的开支，比如，大部分的辅导员说，每个人用于和学生交流的电话费用都在 100 元以上，这对薪酬不是很高的，又要养家糊口的辅导员来说也是个比较大的负担。因此，只有通过更加完善的制度来减少他们的投入同时又增加他们的收入，才能真正留住人才，服务更广大的学生、服务于学校的建设。一些高校给辅导员确定的岗位职责不够明确，工作目标不够清晰，把很多与学生有关但不应属于辅导员职责范围的工作都交给辅导员去完成，这容易使辅导员角色失位，工作本末倒置。辅导员的工作职责体现在以下两个方面：首要任务也可以说其本职的核心工作是做好大学生的思想政治教育，其次才是管理学生的日常生活事务。近年来，随着辅导员队伍的不断壮大，学生数量的激增，其本职工作也应该有所加强，可事实却恰恰相反。在两者人数都同步增长的时候，辅导员本职工作却相对被淡化，取而代之的则是过多精力投入到学生的日常生活管理当中，处理大量的事务性工作。与此同时，高校也在不断地给辅导员施加压力。如此一来，辅导员的工作定位就不再那么明确，他们和普通的高校行政人员的职能出现重叠，面对学生的新情况、新问题没有时间去研究解决的方法，对学生思想上出现的新波动也很难准确地去把握、去引导，这严重影响了他们对学生思想政治教育工作的有效开展。

为了协调辅导员与专业课老师在薪资上的失衡问题，需要着重解决的便是辅导员的绩效评价问题。

高校辅导员工作绩效评价体系是一个复杂的系统，它的建立必须具备一定的理论和现实依据。就理论而言，高校辅导员工作绩效评价体系是以马克思主义原理为指导方向，以思想政治教育学原理为思想来源，综合教育学和心理学原理、数学和统计学等系统科学知识而形成的理论体系；就现实而言，高校辅导员工作绩效评价体系是依据国家颁布的高等教育政策法规，在分析高校辅导员工作绩效现状的基础上，通过把握高校辅导员的绩效总体状况，从而对高校辅导员的工作绩效进行综合性评价。因此，高校辅导员工作绩效评价体系是在科学理论的指导下，为改进辅导员的工作绩效，提高辅导员工作效率的综合性系统。

工作绩效评价是改善高校辅导员工作绩效的一个必不可少的环节，也是提高高校辅导员工作效率的有效途径。具体说来，高校辅导员绩效评估体系的意义有：首先，明确目标职责，提高辅导员的胜任力。工作绩效评价通过对目标的分析，明确目标的职责，确定职位所需的胜任力，根据绩效优秀者的特征来挑选辅导员，从而提高辅导员的工作绩效。其次，加强辅导员队伍建设。辅导员的工作涉及面广，很难从单一的角度进行衡量，而工作绩效评价从目标、效果、实绩、能力等多个指标来评价辅导员的工作绩效，对辅导员的工作业绩进行量化，从而达到提高辅导员工作效率，提升辅导员队伍建设的目的。

第三节 构建高效辅导员与专业课教师五维育人共同体

一、开展师资队伍融合育人

（一）强化课程思政的深度与广度

"习近平总书记指出：使各类课程与思想政治理论课同向同行，形成协同效应。"（《发挥"主力军""主战场""主渠道"作用，全面推进课程思政建设》，人民日报，2021年3月17日）另外，总书记也多次指出要健全立德树人的落实机制，指出要继续深化教育体制改革。课程思政育人理念改革是在"立德树人"根本任务要求下的对高校思想政治教育理念变革与方法创新的积极探索。自上海市教委率先提出"课程思政"理念以来，上海各高校给予了充分的重视并积极探索实践，经过几年的发展，上海各高校在"课程思政"理念落实与育人实践探索上取得了惊人的成绩，也形成了较为完善的育人机制。各地高校积极学习并借鉴上海高校在课程思政育人工作中"改进"的努力、"加强"的实效、"创新"的意识、"提高"的水平，并积极促成本地高校深化落实理念，构建完善机制以保证课程思政的有效实施。当前，学术界对于课程思政育人机制定义较为匮乏，但对于思想政治理论课与专业课发挥育人合力，打造两类课程协同育人机制的研究颇多。有学者认为："专业教师与辅导员协同育人机制就是要在教育内容上要针对不同年级学生制定不同的思政教育内容；在教学方法上，针对不同的思政教育内容采取不同的教学方法；并指出打通专业课教师与辅导员协同育人渠道的核心：一是转变专业课教师育人观念，使专业课教师育人观念与辅导员育人观念相融通；二是加强专业课教师德育能力的培养，实现课程门门有德育、教师人人讲育人的局面。辅导员和专业教师是育人共同体中重要的力量，协同育人机制是完善思想政治教育工作体系以及提升思想政治教育针对性和实效性的重要保障，是课程思政建设的应有之义。

"高校思想政治教育协同育人机制是一套专兼职队伍相配合的工作机制，它从体制、绩效等方面引导专业教师、辅导员参与思想政治教育等通识教育，并积极搭建网络教育等新媒体平台，从而推动大课程思政的全员育人工作局面的积极探索。"课程思政育人机制既蕴含思想政治理论课与专业课协同育人机制的原理原则，同时又有其独特的规律和体系，更能体现课程思政育人系统内部诸要素之间相互作用、相互制约的联结方式及其成系统、有协调的课程思政育人运行方式。

课程思政育人机制主要是指在"立德树人"根本任务的基础上，高校专业课程教师在育人过程中充分认识到专业课程中所包含的思政元素，并在授课过程中进一步挖掘和提炼专业课程思想政治教育资源，并通过与高校党委、各级教育教学主管部门与思想政治理论课教师为实现共同的思想政治育人目标而形成的相互协作、取长补短、有机衔接的比较稳定的关系及其内在的运行方式和过程。

其具体含义可以概括为：第一，它包含了大学生思想政治教育的各个构成要素；第二，其机制功能的发挥表现为各个机制之间的相互联系、相互作用和相互促进，从而形成结构合理、关系紧密、功能齐全、保障有力、运行高效的良好状态；第三，它遵循一定的育人规律，按照一定的方式方法稳定运行，同时在不断调整完善的，开放、动态的育人机制体系。"课程思政育人机制的构建与完善，对于更好地认识和掌握思想政治教育工作规律，使高校'课程思政'教育理念更加科学有效地实施，促进大学生思想政治教育目标任务的实现具有十分重要的理论和现实意义。"

要使课程思政育人机制更好地服务于各高校教学活动，需要各类课程都落实好"立德树人"的根本任务，首先要对协同育人理念有科学的认识。习近平总书记曾在北京师范大学考察时提出"四有"教师标准，要求教师既要有扎实的学识又要有坚定的理想信念和仁爱之心。另外，《教育部关于全面深化课程改革　落实立德树人根本任务的意见》指出："课程是教育思想、教育目标和教育内容的主要载体，集中体现国家意志和社会主义核心价值观，是学校教育教学活动的基本依据，直接影响人才培养质量。"因此，无论是辅导员还是专业课程教师都要发挥出其育人的职责，树立协同育人的工作理念，各课程教师除了应具有严谨的科学知识外，同时还要在日常教学过程中教给学生做人的道理。

协同育人理念需要专业课教师与辅导员在立德树人方面做好协调，在高校课程体系中，两类课程相互区别、互动统一、协同发展，形成一种交互作用、具有高依存度的一体化共生关系。这种关系体现在无论是思想政治理论课程还是专业课程都是提高学生综合素质，促进学生全面发展，从而增强中华民族创新创造活力的基础性课程，对于建设教育强国，培养创新人才，实现中华民族伟大复兴的中国梦具有重要的推动作用。

协同育人工作理念下，思想政治理论课教师在教学过程中要发挥价值引领的作用，回答好"是什么""为什么"的科学问题，要清晰有据地传递给学生科学的理论知识并引导学生树立正确的价值观念。思想政治理论课切莫陷入刻板生硬的理论教学中，一定要走在学科前沿，上出"学术味"，要时刻关注党的理论的最新动态，深入研读，仔细揣摩，科学、生动、有效地融入课程教学过程中，充实思想政治理论课的教学内容。另外，思政课教师在课堂中要把解决学生思想问题与实际问题相结合，要着重解决学生在各类课程学习中遇到的职业发展困惑、理想信念模糊、职业道德规范不明、社会责任感淡薄、心理素质欠佳等问题，与专业课形成有益补充，提高学生的专业人文素养。专业课教师要在教学过程中突出育人导向，坚定马克思主义站位，自觉提升马克思主义理论修养，要在传授科学文化知识的同时结合专业课特色精心挖掘与提炼专业课程中隐含的爱国情怀、社会责任和人文精神，并将这些元素采用学生喜闻乐见的形式融入专业课教学过程中，引发学生的知识共鸣、情感共鸣、价值共鸣，达到"润物无声"的效果。"总的来说，在协同育人工作过程中，思政课教师除了要为课程思政建设提供方法论的指导外，还要参与到课程思政相关课程的设计与规划之中，承担专业课程思政原理运用、课程内容深度开发、课程思政问题阐释等方面的理论支持。"

好的协同工作方法能够实现育人效果的最大化。"课程思政是一项教育人的实践活动，教育过程的展开，教育目标的实现、教育任务的完成、教育内容的实施、教育方法的运用，都需要教育主体和教育客体之间的有效互动。"为实现主客体之间的协调互动，需要创新和丰富工作方法，使专业课程中的思想政治教育要素更好地融入育人"场所"中。另外，协同工作方法也要体现出可操作性和长效性的特点，单纯的创新并不是丰富协同工作方法的目的，它只是可操作与可持续的前提和条件。因此，协同工作方法随着课程思政育人实践的发展，需要日益多样化，日益丰富和发展。

首先是课堂授课环节，课堂教学仍旧是高校育人的主渠道，课程思政也不例外，但课堂教学不能仅仅当作教育者的"讲坛"，要注意互动功能，扩充课堂教学所讲内容，在理论教学的过程中兼具鲜活的时代性与明显的针对性。其次是对互联网技术的使用上，网络信息时代对人们的生产方式、生活方式和思维方式、思想观念产生重要影响，同时也给课程思政协同育人工作带来深刻巨大的影响。它的发展不断为课程思政协同育人工作充实新的内容和思想武器，进一步增强了课程思政理念下相关课程的吸引力和说服力，同时也为加强和改进课程思政工作提供了大量新的科学方法和手段，进一步完善育人机制。如利用 AR（增强现实技术）、VR（虚拟现实技术）等载体，解决专业课程中较为危险的实验课程，并深入浅出地融入科学精神与敬业精神。利用微课、MOOC、公开课等多媒体教学方法，使课程思政相关课程的育人对象更加广泛，使课程在学生中的接受程度更高、理解程度更深、授课效果更好。另外，需要注意的是，各高校在充分利用互联网技术的过程中，除了学习借鉴其他地区先进经验外，也要利用其独特的区位优势。

比如，在广西地区"利用中国 - 东盟交流平台、爱国主义教育与边疆发展等平台打造优质'课程思政'教学资源库，方便师生充分利用其资源，突破课堂教学局限、打破时间空间限制，通过多种方式随时随地灵活自主地学习，下载资料，加强师生、学生之间的交流互动，形成思政教育无处不在、无时不有的局面，增强课程思政教育的实效性，让学生成为最大受益者"。课程思政育人机制要求各课程教师要进一步加强沟通与合作，若没有一个能够打通学科壁垒、教师沟通壁障的平台，将很难实现课程思政相关课程在各学院的有效推行。课程思政协同育人工作室就是打破原来专业课程调研室"各自为营"的经验交流、教材梳理、单独备课的模式，向跨学院、跨专业、协同合作的模式转变。协同育人工作室是各课程教师讨论课程思政育人内容、育人方法，并进行育人经验交流的重要场所，除此之外，它还承担着选取本校特色课程、收集资料，并进行教材编撰、集体备课从而打造各学院品牌课程，形成"金课"的任务。通过不断发展与完善工作室建设，逐步形成课程思政特约专家指导、思政课教师常备、专业课课程教师轮班、各专业学生参与的进行跨学科知识与思维碰撞、独到见解迸发并畅快分享的协同育人工作新场所。

除了搭建课程思政协同育人工作室，各高校可以通过举办课程思政建设经验交流会，邀请中、东部地区高校来参加，并诚邀相关领域的知名学者和负责人就一线教师如何正确地、自然地在一线课堂实现"课程思政"交换经验和看法，在教学内容、目标、实施、考核等环节发挥"课程思政"的引领作用，引导学生建立正确的人生观、价值观、职业观、审美观。实践教学不仅是课堂教学的最大体现，同时实践教学基地也是大学生通过劳动实践所学所知、体悟马克思主义劳动观的最佳途径和场所，通过与实践教育基地人员合作，引导学生思考和感悟。"实践基地所承担的教学实践和社会实践也是广义课程的一部分，也必然要与思政课程形成协同效应，最大效用地发挥实践教学课程思政的重要作用。"例如，高校可充分利用红色文化资源，进行课外实践教学，并发挥实践教学基地重要的因势利导作用，让学生树立正确的价值观念，在增长学识的过程中提高悟性，完成好人才培养最后一公里的艰巨任务。要打造全方位的协同育人工作场所，打造具有学校特色的协同育人工作场所圈层，在核心层，深入推进课程思政教育理念改革，完善课程体系，打造学校课程思政品牌课程；在支撑层，联合高校各职能部门开展多领域、多层次的交流与合作，打造上下联动有序的运行模式；在辐射层，推动专业教育中的课程思政建设，做大做强特色课程，既要"点上开花"又要"面上结果"，形成良好的社会反响。

（二）强化辅导员的协同意识，处理好各方工作关系

协同是指相互之间的干涉能力，以实现一定的共同目标为前提，体现事物整体发展过程中相互协同与合作的关系。习近平强调：要努力开创高等教育事业发展的新局面，高度重视并实现高等学校"三全育人"的教育实践局面新发展。全员、全过程、全方位是协同理念的重要体现，辅导员要善于建立协同理念，正确处理与教师、管理人员以及学生干部之间的关系，搭建协同合作工作平台，

发挥个人职责范围内的职能，实现人的全面发展教育目标。要建立辅导员个人发展与学生成长成才协同机制，促进辅导员能力发展与教育过程的融合。辅导员的工作对象是大学生，两者之间的关系是"亦师亦友"，是建立在相互了解、相互信任和相互支持的基础上的共同成长的关系。辅导员要把握好当代大学生的思想行为特点，认真研究学生成长发展规律，分析学生的优点和缺点，并通过调查研究、谈心谈话、开展校园活动等形式多样的活动引导学生实现健康成长。辅导员是学生的最亲密陪伴者，对大学生的成长起着积极的"导向"作用，从这一角度而言，辅导员工作是一份"技术活"，而大多数辅导员比较年轻，陪伴大学生度过成长成才中的关键四年，是学生的朋友，他们对大学生寻找解决问题的有效途径、培养独立意识和健全人格产生重要影响。因此，辅导员工作又是一份"良心活"。

辅导员必须把握好学生工作的度，有所为有所不为，既不能万事包办，亦不能撒手不管，在师生之间形成规则和边界，促进互相认同的师生关系的形成，在良好的师生互动中获得职业满足感，并提升对辅导员职业的认同感。辅导员与学生之间的协同机制是辅导员职业能力建设的内部机制，是辅导员工作实践层面的机制，是动态发展的机制。因此，构建辅导员与学生之间的协同成长机制会因辅导员个体职业能力水平的差异而不同，如何充分掌握辅导员的组织者、实施者和指导者与学生自我服务、自我管理和自我教育之间的技巧，参与必要环节，实现工作目标成为辅导员的一项关键能力。辅导员可以清楚地认识到九大职责，辅导员岗位从产生到形成今天的职责是从思想政治工作起始的扩展，是逐渐增加和扩充的过程。因此，要确保思想理论教育和价值引领的基础地位，坚持做好职责所规定的"应然"，促进从业者的职业认同度提升。高等院校辅导员的首要职责是思想理论教育和价值引领，其中，思想工作是基础工作，价值引领是立足点，重思想更要重政治。思想引导是基础，核心要落实在"价值引领"上，因此，辅导员这一角色具有鲜明的政治性，从业人员应具备优良的理论素养、坚定的政治信仰、敏锐的鉴别能力和强烈的责任意识，在大是大非和原则问题上坚持正确的政治立场和价值选择。在实践中，高等院校要重视党中央相关文件精神的落实，完善和细化高校辅导员的工作职责，保证辅导员回归其本职、承担其责任，发挥其理论教育与价值引领的直接优势，充分高等院校立德树人的根本，为保证高等院校"培养什么人，为谁培养人"的一流建设目标贡献力量。与此同时，要理顺制度，强化高校辅导员的职业认同，提升其政治意识、大局意识，通过自学、培训等多种形式，让辅导员时刻谨记高等院校辅导员工作的重要性和历史使命，从而为辅导员专业化、职业化和专家化发展奠定基础。高校辅导员的工作不可以孤军奋战，其本身是对学生教育、管理和服务的综合体现，那么必将与教师团队、管理团队和服务团队等多个团体构成协作体。教师团队包含辅导员所在的思政课教师团队、公共课教师团队、专业课教师团队，辅导员通过搭建与教师团队协作的学风建设路线，通过学生活动学术化路线，进一步发挥课程思政的教育作用，是提升辅导员工作水准的重要途径。这也从一定意义上利用了学生对学术权威的信任而发挥思想政治教育功能，同时也避免了部分辅导员思想政治教育能力不足的问题，丰富了教育途径和扩大了思想政治教育工作队伍。当下充分发挥大学生的团队作用是提升辅导员职业能力的主平台，首先学生工作行政部门要搭建起辅导员能力提升的协同平台，将上下级关系转变为纵向发展团队，促使辅导员队伍的科学化发展；其次是辅导员各团队间的协同关系建立，包括建立起共同研究方向、主要专业特长等不同类别的工作协同团队，更大范围地开展工作实践和理论研究；最后是同一单位内部辅导员的协同体系建设，回避大而全的工作模式，以专项工作、专人负责的模式减少公共事务的重复性劳动，提升团队的工作效能感。

构建起辅导员与非学工部门的协同工作系统。解决多头领导、理顺工作关系，达到协同一致，提升认同感。辅导员的工作职责非常明确，也有着国家统一的职业能力标准。一是学校在内部治理体系中要完善各部门的职责，进一步理顺工作对口关系，从学校行政部门层面形成较好的工作协同，尽量避免辅导员直接面对行政部门领任务的现象。二是完善学生管理和服务的制度体系，构建学生的规则意识，建立起学生与职能部门的直接关系，如建好线下"学生事务服务大厅"和线上"电子服务一站式办事平台"等方式降低辅导员事务服务成本就是非常好的办法。三是提升学生敬畏规则的意识。目前各高校都有非常全面的学生管理制度，可以说基本上可以满足学生正常的校园学习生活，而现实执行过程中总会有忽视制度或者超越制度权限的现象，主要原因有两个方面。一方面是学校没能够真正执行制度，导致学生对制度的认可度不高，从而使制度形同虚设，没有效力。另一方面学生对制度不了解、不清楚，学生在无制度束缚下凭借个人认识行事的现象较多，导致秩序混乱，一旦出现问题难以处理或直接与学校发生冲突。鉴于此我们应该在制度的应用上提出明确要求，对所有的教职员工进行制度执行培训和监督，使其按照法治化理念进行工作。学校应该在新生入校时就为学生做好学校规章制度的学习与遵守签署。公平公正的制度体系有利于减少学校的纠纷问题，让辅导员把更多的精力和时间专注于主要职责。四是营造良好的个人成绩与团队绩效的共享融合关系。要正确认识高校辅导员工作效果的慢效应性、繁杂性和不确定性，辅导员们很容易与职业角色分离，表现为不能合理定位自己、没有规划，不能沉下心来思考并开展工作，以至于"骑驴找马"的现象发生。缺乏自己明确的职业目标和理想，势必影响到对职业的认同感。

建设好辅导员与学生的协同系统。"师生共同体"可以理解为有共同愿景的师生，在生活、学习、工作中形成有效互动，逐渐形成你中有我、我中有你，同发展、共成长的辅导员大学生良好的关系模式。辅导员自身发展与学生成长成才是同向同行的，目标一致、利益一致，是共同体的关系。辅导员要把握当代大学生的思想行为特点和发展规律，分析学生的优点和缺点，并通过调查研究、谈心谈话、校园活动等多种形式引导学生健康成长。

辅导员与学生之间，有所为有所不为，既不能万事包办，亦不能撒手不管，彼此之间形成规则和边界，从而形成互相认同的师生关系，并在良好的互动中得到满足，提升辅导员职业的认同感。一个可行的制度安排是建立平行发展体系，围绕主体工作创造工作业绩并形成工作成果，以此来提升职业认同感。首先，把握好学生成长成才与辅导员自身职业发展规律之间的关系，不断地将工作实践转化为研究成果，将学生成长过程中辅导员工作的具体实践和取得的成效转化为成功的工作案例进行推广，并著成研究青年学生成长成才的文章参与考核和职称评定。二是践行"理论和实践研究"的岗位职责。青年学生成长的每一个阶段都是一项好的研究课题，要关注学生多层次、多样化的需要，多角度、多维度地对学生成长进行阶段化特征分析，发现问题并解决问题，提升辅导员工作质量，助力一流人才培养。三是高校辅导员要成为"一专多能"的高水平思想政治工作者，将岗位职责的全内容进行总体落实，不可直接选择某些自己认为擅长或者放弃所谓的不擅长的某项职责，按照辅导员职业能力素质要求全面开展职业训练，满足学生成长需求。四是师生之间相互信任，形成良性的合作关系，在相互支持中学习成长，构建一个畅通的相互交流沟通的渠道，使学生能公开地表达自己的感受和意见。辅导员工作协同制度的构建是解决现实困境的重要突破口，也是必然选择路径，是辅导员回归职业本位的重要制度。

二、开展社会实践协同育人

党和国家一直以来高度重视高校社会实践育人工作。习近平总书记通过座谈、回信等形式多次强调社会实践在大学生成长成才中的重要作用，勉励大学生"既要向书本学习，也要向实践学习"，"坚持学以致用，深入基层、深入群众，努力成为可堪大用、能担重任的栋梁之材"。社会实践育人是高校开展大学生思想政治教育、提高大学生实践能力、增强大学生社会责任感的重要载体，也是高校全面落实党的教育方针，大力提高高等教育质量的必然要求。实践是手段、育人是目标，社会实践同劳育、智育、体育、美育等教育形式相结合是高校人才培养的基本途径。为做好实践育人工作，教育部等七个部门早在 2012 年就联合印发《关于进一步加强高校实践育人工作的若干意见》，并提出要积极促进形成实践育人合作机制，打造社会实践协同育人工作合力。随着政治、经济、社会的不断变迁发展，尤其是新时代社会主要矛盾的变化，高校社会实践育人同样面临着发展不平衡、不充分的问题。开展高校社会实践育人，需要因事而化、因时而进、因势而新地去做好协同工作，坚持因新时代而"变"的实践育人运行机制创新，赋予社会实践新的内涵和形式，推动社会实践育人形成强大合力，从而达到社会实践育人成效最大化。

构建高校社会实践协同育人机制，有利于整合校内实践育人资源。高校社会实践不是无源之水、无本之木，也不是闭门造车，需要专业课教师提供一定的资源、平台和环境。而且，高校社会实践是一项系统育人工程，需要这一系统各要素之间的协同合作与均衡发展。就高校社会实践育人系统而言，有国家的宏观政策、高校的育人目标、社会的育人氛围等要素，这些要素在不同学校表现出来的差异、呈现的教育结果也不一样。辅导员与专业课教师的介入，有助于将社会资源引入，为大学生社会实践创造更为广阔的空间、平台。通过协同机制的构建，可以优化配置实践育人资源，并将个体优势整合转化为系统整体的竞争优势。因此，更好地推动新时代社会实践育人工作，就要根据新时代立德树人根本任务，从整体性、系统性视野构建多元主体协同参与的工作体制机制，推动实现全面育人。

构建高校社会实践协同育人机制，有利于优化现行高校社会实践模式。自我国高校开展社会实践30多年来，社会实践在育人上确实取得了显著成绩，成千上万的大学生在社会实践活动中受教育、长才干、做贡献，成长为祖国的栋梁之材。然而，传统的高校社会实践育人模式采用的是"自上而下—各自为战"的形式，即高校团委、学工、教务等部门根据上级精神和人才培养目标分别组织学生参与社会实践，各部门未能形成整体合力，在组织实践过程中各自浪费大量的人力、物力和精力，无法对学生进行有效的个性化指导，学生也无法甚至没有足够的空间选择实践项目，因而导致社会实践成效大打折扣。通过构建有效的协同机制，高校在整合资源、明确责任的前提下，聚焦大学生成长成才这个目标，将精力集中到对学生进行有效的实践指导、培训和监督上，从而提高高校实践育人成效。

三、开展科学研究协同育人

2016 年，习近平总书记在全国高校思想政治工作会议上提出"三全育人"理念，他强调"要坚持把立德树人作为中心环节，把思想政治工作贯穿教育教学全过程，实现全程育人、全方位育人，努力开创我国高等教育事业发展新局面"。2017 年，中共中央和教育部分别出台相关文件，最终形成课程育人、科研育人、实践育人、文化育人、网络育人、心理育人、管理育人、服务育人、资助育人、组织育人等"十大"育人体系，其中科研育人位列第二，可见其重要程度。高校是科教融合、学研相济的统一体，科研育人是高等教育发展的时代潮流。高校科研育人既是响应国家科教兴国、人才强国战略的需要，又是落实"三全育人"理念、实现立德树人根本任务的需要。科研能力是当前高校人才培育方案的重要指标，也是"三全育人"机制落实的目标指向。高校应坚持以问题为导向，把科研育人作为"三全育人"的重要抓手，不断提升高等教育质量，实现人才培养目标。

"全员"意味着学校的每一个成员都要树立育人意识，从教师岗位到管理岗位，还包括后勤服务岗位；"全程"意味着学生从入学到毕业的整个过程必须遵从教育为本的理念；"全方位"意味着多角度育人，重在加强学校与社会团体、企业的联系，实现全面协同育人。"三全育人"既体现在教育理念，又体现在教育实践和系统设计。大学科研育人是指在科研实践中，教师及其团队围绕科研任务，在共同探索和发现未知的过程中实现科学精神的培育与传递以及科学道德的体验与生成的方式方法。科研育人深入贯彻执行"三全育人"理念，以项目化运作的模式构建系统性和整体性的育人体系，具有丰富的内涵。

科研育人有利于构建系统性的全员育人体系。科研育人以学生为本，由导师班主任负责、辅导员督导、校领导指挥与监督、校外导师实践指导，形成全员参与、贯彻始终的教育新态势。大学科研活动的参与主体几乎涵盖了高校所有教师，有的以指导学生毕业论文的形式体现，有的以指导学生专业课程论文的形式体现，有的以鼓励学生加入课题研究的形式体现，有的以辅导学生参加科研类比赛的形式体现。在科研活动中，每一个参与主体都在履行育人职责。另外，全员育人不仅要求调动专业课教师的积极性，还要求辅导员主动参与，专业课教师与辅导员协同推进，形成师生双主体。

科研育人有利于形成强有力的全过程育人。"三全育人"要求遵循学生成长规律，关注对学生的长期影响，促进学生的全面发展。育人不仅包括知识、技能的学习，还包括思想道德素质的提高和心理健康发展。大学科研不仅研究先进的科学知识和科学技术，还承担着科学精神和科学道德的培育任务。科研育人主要依托项目的顺利开展，强调在科研环节、科研管理、科研评价、成果推广等全过程中，建立师生学术共同体，从科学研究的发展规律出发，注重科研过程的连续性。科研育人的项目类型要涵盖大学生思想道德品质、科学精神与创新思维、文化涵养、健康素质等学生成长成才的各个领域。科研活动是一个系统性和整体性的工作，学生先要理解科研，然后参与科研，最后完全融入科研，这需要连续的培养训练。因此，低年级阶段重点培养学生的科研兴趣、基本的科研素养；中年级阶段重点强化科研训练、培养创新能力；高年级阶段则通过毕业设计或毕业论文的撰写，重点培养学生独立开展科研活动的能力。专业课教师和辅导员指导学生参与科研活动，不仅培养了他们的创新精神，也促进其个性发展，将无形的思想道德素质培养蕴于有形的科研实践活动中，使原本抽象的思想道德品质教育具体化，让育人无时不有，伴随学生成长成才。科研育人有利于建立全方位的协同育人平台，这便需要辅导员与专业课老师共同参与。全方位育人要求通过深挖科研活动各个环节内在的育人元素和育人功能，整合育人资源，理顺育人逻辑，有机融合课内与课外、校内与校外、线上与线下，探索科研活动和价值塑造的有效融通，构建全方位协同育人平台。高校要开展形式多样、方法灵活的科研活动，可以采用课堂讲授，也可以实行网上指导，还可以组织校外调查等。但是，无论采取何种方法与模式，育人的本质都是不变的，那就是寓思想政治教育于科研活动，让育人无处不在。

四、开展创新创业协同育人

（一）辅导员在创新创业活动中的地位与作用

2019 年 9 月，教育部党组书记、部长陈宝生在全国高校辅导员优秀骨干培训班开班仪式上强调："从工作作用的角度全面认识辅导员的'辅'。从辅导员工作主辅二重性出发，做思想政治工作的主攻手、学生管理的主导者、学生成长的主心骨。""从工作角度深刻认识辅导员的'导'。要加强政治领导、思想引导、情感疏导、学习辅导、行为教导、就业指导，守护学生的人生航向，坚守阵地，引导学生正确处理各种关系、解决学习中遇到的难题，旗帜鲜明、体察入微，引导学生科学做好人生规划，顺利走向社会。"辅导员要从岗位的特殊性出发，在开展思想政治教育工作中，要引导学生与时代同步伐、与人民共命运，要引导学生将自己的小我融入祖国的大我、人民的大我，将个人的发展融入国家和民族发展的需求中，融入当前国家对创新创业人才的需求中。辅导员只有明确自身在创新创业人才培养中的角色定位，才能更好地引导学生参与创新创业活动，提升创新创业能力，真正成为学生的人生导师和知心朋友。

辅导员是思想教育的把关人。习近平总书记在全国高校思想政治教育工作会议上指出："思想政治工作从根本上说是做人的工作，必须围绕学生、关照学生、服务学生，不断提高学生思想水平、政治觉悟、道德品质、文化素养，让学生成为德才兼备、全面发展的人才。"（2016 年 12 月 7—8 日，在全国高校思想政治工作会议上的讲话）辅导员是大学生思想政治教育的骨干力量，其主要智能之一是思想政治教育与价值引领，是大学生思想政治教育和管理工作的组织者、实施者和指导者。辅导员在做好思想政治教育和价值引领的前提下，有针对性地开展创新创业思想政治教育主题活动，加强学生的创新创业意识教育。大学生是创新创业人才培养的主体，大学生对创新创业的认可度，决定了创新创业教育事业的发展进程和成效。辅导员是学生入校以来，从新生入学教育、环境适应、日常生活管理、职业规划教育到就业创业教育，整个大学生涯过程中接触最久、最了解学生动态的人员，在长期的学习生活指导中建立了较深的师生情感，具有较好的情感优势。

弘扬传统文化中的创新创业思想，帮助学生摆脱传统思维定式，转变观念，挖掘学生创新创业潜力，培养学生的创新创业意识，提升学生的创新创业能力。辅导员应充分利用主题班会、党团活动、谈心谈话、走访寝室等机会向学生传达创新创业教育的目的，以"润物细无声"的方式将创新创业意识植入学生心中。立足于学生自身利益，将创新创业与学生自身的学习、就业联系起来，强调创新创业思维和创新创业能力对于学生本人的重要性，引导学生关注创新创业相关信息，激励学生自主学习创新创业知识，积累创新创业经验。在大学期间开展理想信念教育，引导学生坚定理想信念，引导学生进行创新思维训练，提升学生创新创业实践能力。辅导员可以联合社团、团委、学生会等学生组织，利用各项社团活动、社会实践机会，利用一些特殊节点和专业活动，在轻松愉悦的氛围中进行创新创业知识传授，以创新创业思维引领学生参与其中，帮助学生养成用创新思维来思考问题、解决问题的习惯。收集优秀创业校友和学生创业成功典型案例，树立榜样，引导学生学习身边的创新创业榜样，激发学生的创新创业热情。在班级、年级、校园内不同级别中营造良好的创新创业文化氛围，将创新创业教育融入日常学生事务管理中，大力培养学生的创新思维和创业能力。大学生创新创业能力有高有低，水平参差不齐，不同层次的学生引导的方式也不尽相同。辅导员在日常的学生管理工作中，更能精准把握学生的层次，建立学生成长档案，依据学生自身的特点进行针对性的创新创业思想教育。对于思维不活跃的学生，要进行创新思维训练，使其能够摆脱思维束缚，大胆创新，树立良好的创新创业意识；对于有意愿自主创业的学生，引导其参与创业风险评估相关训练，使其具备创业风险评估能力、市场应对能力；对于有明确创业规划、敢自主创业的学生，要鼓励其将创业付诸实践，培养其社会实践能力。

辅导员是创新创业政策的宣传者。习近平总书记在北京师范大学师生座谈会上强调："当代青年是同新时代共同前进的一代""广大青年既是追梦者，也是圆梦人"。当代大学生是建设创新型国家、创新型社会的智力支撑和人才保障。近年来，国家各级政府出台了一系列创新创业优惠政策，鼓励大学生创新创业。辅导员在日常的思想政治教育过程中，要根据创新型国家、创新型社会的战略发展人才需求，加强对学生创新创业政策的宣传，引导学生积极投身到创新创业中。辅导员是大学生思想政治教育的主体，贴近学生的生活，最能了解学生对于创新创业的真实想法和需求。辅导员可以利用自身工作优势、岗位特点，收集、整理各项创新创业政策文件，利用各种大会小会、QQ群、微信、微博等多种宣传方式，向同学们传达各项创新创业优惠政策，从而让同学们明白国家、各级政府、学校对于大学生创新创业人才培养工作的重要意义和重视力度，打消学生的顾虑，激发学生的创新创业热情。

习近平总书记在全国高校思想政治教育工作会议上指出："做好高校思想政治工作，要因事而化、因时而进、因势而新。"在"大众创业、万众创新"的时代浪潮中，国家、各级政府、学校颁布了一系列创新创业优惠政策及措施，鼓励大学生参与创新创业活动。大学生是创新创业人才培养的主体，大学生对创新创业的认可度，决定了创新创业教育事业的发展进程和成效。辅导员要在平时的学习和研究中，紧跟时代步伐、积极响应国家号召，及时宣讲创新创业政策，加强学生的创新创业意识教育，以更好地培养创新创业人才，为社会发展注入生机与活力。

首先，创新创业意识培育就是要让学生转变观念，摆脱思维束缚，明确创新创业对国家、社会和自身而言所具有的重要意义。加强学生的创新创业意识培育，要在平时的生活中尊重学生的个性，将学生的全面发展放在第一位，积极宣传创新创业相关政策、奖励机制和重要意义，让学生在内心认可创新创业，使其在创新创业方面能够产生共鸣，激发学生的创新创业自主性，使其愿意主动、积极投身到创新创业活动中，参加各类创新创业活动实践，增强学生的创新创业能力。

其次，辅导员是学生入校以来，从新生入学教育、环境适应、日常生活管理、职业规划教育到就业创业教育，整个大学生涯过程中接触最久、最了解学生动态的群体，在长期的学习生活指导中建立了较深的师生情感，具有较好的情感优势。辅导员是专业课教师、学生、学校之间的沟通桥梁，"上面千条线，下面一根针"，国家、政府下达的一系列创新创业政策，学校的一系列创新创业决策、专任教师开展创新创业活动都需要辅导员在中间做"柔顺剂"。辅导员要理解相关政策蕴含的精华，要不断学习沟通交流的技巧，掌握科学的交流沟通方法，利用思想政治教育多种宣传方式，将上面的"千条线"消化、理解、捋顺后化为学生能够接受、理解、消化的语言，通过辅导员这"一根针"，及时向同学们精准传达各项政策、文件精神。在各类网络平台上发布政策宣传信息时，可以采用更符合学生网络语言习惯、更容易让学生接受的语言文字，激发学生的阅读兴趣，让学生更易理解和接受创新创业相关政策。从而引领学生参与创新创业活动，让学生敢于创新、善于创新、勇于创新，促进学生全面发展，塑造创新创业人格。

最后，辅导员的一言一行、一举一动都会对学生产生较大的影响，其思想政治状况具有很强的示范性。辅导员拥有较强的人格魅力，就更易拉近师生间的情感距离，教育内容更容易被学生所接受和内化，也更容易取得较好的工作成效。辅导员对于创新创业政策的认知、创新创业人才培养的重视程度、创新创业活动参与度，都会在无形中传达给学生，对学生产生潜移默化的影响。同样，辅导员的创新创业奋斗经历，也会在无形中感染、激励学生。辅导员要在思想上引导学生摆脱传统固化思维的束缚，打破思维僵化的局面，转变思想，积极投入到创新创业事业中。辅导员自身要转变观念，摆脱按部就班、知足常乐的思想，不断创新，加深对创新创业的自我认知，更好地引导学生参与创新创业活动。辅导员要不断增强自身创新创业意识，不断奋斗、拼搏向上、开拓创新，以高尚的品行影响学生、以宽广的胸怀包容学生、以渊博的知识征服学生，走在创新创业事业的前列，以身作则，起到良好的模范带头作用，获得学生内心认可，提高辅导员在创新创业人才培养中的工作成效。辅导员要紧跟时代步伐，不断加强创新创业相关政策学习，深化对创新创业相关政策的认识，及时为学生准确传达创新创业相关政策，加强学生创新创业意识培育。

辅导员是创新创业活动的组织者。习近平总书记在全国高校思想政治教育工作会议上指出："要更加注重以文化人、以文育人，广泛开展文明校园创建，开展形式多样、健康向上、格调高雅的校园文化活动，广泛开展各类社会实践。"辅导员是学生愿意讲真话、交真心、诉真情的知心朋友，是教育引导学生成长成才的骨干力量。辅导员要组织学生参与创新创业活动，努力为学生营造良好的校园文化氛围，让学生在创新创业实践活动中增长知识、锤炼品格、练就本领。辅导员应充分利用自身组织能力，通过优势互补原则，让有创新创业意愿的学生组建自己的团队，充分发挥各自的特长，组织学生建立"大学生创新创业社团"，打造优秀创新创业团队。让学生学会团队协作，打破专业壁垒，提升团队在创新创业活动中的竞争力。辅导员要加强学生彼此间的联系，建立亲密伙伴的关系，引导学生在实践活动中充分沟通交流，锻炼学生的沟通协调能力，培养学生的团队协作意识、主体意识，增强学生的团队精神、奋斗精神，锻炼学生的意志力，全面提升学生的综合素质。

　　辅导员可以协调学生工作处、学校团委、创新创业学院等部门，组织学生参加学校、省市各级创新创业大赛、"互联网+""创青春""挑战杯"等比赛，以赛促学，让学生在比赛中获取实战经验，明白自身不足，不断完善、提高自身能力。辅导员可以组织学生参加社会公益活动和社会调查，组织学生参加暑期"三下乡"社会实践，帮助学生正确认识社会、观察社会，在实践中培养学生的创新创业能力。辅导员还可组织开展学术沙龙、校友分享会，带领学生到企业走访调研、协同任课教师让优秀的同学参与科研等，拓宽学生的视野、增长学生的见识。通过实践活动，将创新创业理论知识运用到实践中，并用实践来检验理论，让所学知识学以致用。在发现问题、分析问题、解决问题的过程中，让学生养成主动学习和探索的习惯，贯彻"终身学习"教育理念，培养学生的创新思维、创新意识和科学精神。

　　辅导员是创新创业活动的服务者。习近平总书记在纪念五四运动100周年大会上的讲话中指出："青年人阅历不广，容易从自身角度、从理想状态的角度来认识和理解世界，难免给他们带来局限性。"创新创业人才培养是一个漫长而艰辛的系统工程，学生在参加创新创业活动时受自身理论知识、经验等因素限制，会遇到各种各样的困难，甚至会让学生开始自我否定、丧失信心。辅导员在工作中与学生零距离接触、面对面交流，是学生最信赖的人，在整个创新创业活动过程中，应热情为学生服务，帮其树立信心、解决问题。辅导员要跟踪了解学生毕业后参与创新创业活动状况，并尽可能地关心和帮助他们，为他们提供咨询服务，使其能够感受到母校对其的关注，也为后期创新创业平台的搭建奠定基础。学生在创新创业过程中可能会面临家庭的不理解、社会的不认同，会遭遇挫折，出现烦躁、焦虑、抑郁等心理问题，从而对创新创业丧失信心。辅导员应协调心理学教师、心理健康中心等部门开展心理辅导服务，安慰学生不要急于求成，急功近利，使其明白创新创业过程有其自身的规律，不能一蹴而就，要正确面对成败得失，引导其积极面对困难和挫折，鼓励学生积极向上，帮助学生走出低谷，重新树立自信。大学生参与创新创业过程中，要正确处理与学习的关系，辅导员要帮助学生走出误区，让学生明白创新创业不能耽误学业。国家和高校鼓励学生创新创业，但不能为了创新创业而旷课，甚至多门课程不合格，导致无法正常毕业。要引导学生既要积极参加班级活动、校园活动，也要抓住机会多与人沟通，加强身体锻炼。辅导员要让学生认识到创新创业不是无源之水，而是一个全面发展的过程，需要良好的沟通协调能力、开阔的视野、广博的知识，还要有健康的体魄，辅导员要鼓励和督促学生加强综合素质和能力的提升。

（二）专业课教师在创新创业教育中的意义与存在的问题

1. 专业课教师在创新创业活动中的意义

大学生创业者初次尝试创业，必然会遇到各种各样的困难。许多大学生创业艰难甚至会遭遇失败和打击。调查数据显示，中国大学生的平均创业成功率是3%，很多地方创业成功率只有1%，全国大学生创业成功率最高的浙江也只有4%。因此，大学生创业者特别需要得到别人的安慰、鼓励和支持。创业指导教师是最值得创业大学生信赖的人。安慰、鼓励学生也是教师的工作内容之一。所以，创业指导教师把自己定位为一个创业大学生的陪伴者是可行的，也是最容易做到的。创业指导教师的陪伴是创业大学生遇到困难时最需要的，这能帮助他们在困难中发现问题和理清思路。大学生的创业行为虽可以说是其个体的行为，但作为高校的一员，其行为离不开高校的约束，应遵守高校行为准则，符合高校相关规定。同时，高校作为创新创业教育的载体，高校创业指导老师有责任和义务在大学生"逢山开路、逢水搭桥"的创业过程中，给他们提供一些材料和工具，为他们提供他们需要的服务。因此，高校创业指导教师服务者的定位也是比较合适的。事实上，高校创业指导教师的服务者角色定位是其基本功能的体现。在大学生创新创业过程中，老师们并不奢望从学生的创业中获取经济上的回报，但却期待从学生的创新创业中不自主地获得"荣誉"和工作业绩。创业指导教师切忌将自己定位为指挥者，凌驾在大学生创业者之上，对大学生的创业行动指手画脚，甚至直接替大学生创业者做决策。创业指导教师应当本着服务的精神，适当地为大学生创业者提供帮助。

任何创业者都要学会承担创业带来的风险，大学生创业者也不例外。正如前面所指出，绝大多数高校创业指导教师并没有创业实战经验。因此，创业指导教师在陪伴学生创业时，实际上也在汲取着大学生创业者创业的教训和经验，这是一个不需交学费的学习机会。教师们应该充分利用这种机会，把自己定位为一个学习者的角色。

"教学相长"在大学生创业指导中体现得极为明显。在大学生创业过程中，各位教师一定可以收获很多与创业有关的体会和心得，可以提升自己对创业的认知，也可以积累许多创业的经验和教训。可以与创业的大学生共同成长。因此，高校创业指导教师定位自己是一个"学习者和共同成长者"角色非常必要，这不仅为其在今后的大学生创业指导中提供了宝贵的经验，还为其将来投身创业奠定了基础。虽然目前我国政府积极鼓励大学生自主创业，大力提倡"以创业带动就业"，但是，更多的时候大学生的创业梦想还需要教师们去点燃。教师们可以组织各种活动，如邀请创业成功的校友回校给大学生们作创业报告；邀请企业家返校谈创业人生；或是邀请专家介绍国家的创业环境等，让学生转变传统就业观念，发现并思考目前创业热潮中的各种机会，从而激励学生踊跃投身到创业热潮中去。大学生的潜在创业优势有时需要教师们去发现和挖掘。教师们最熟悉和了解学生。

因此，在大学生创业指导中要充分挖掘学生的优势，努力帮助学生发现自己的优势，尤其是其潜在的优势；要了解哪些人、什么特质的人最容易创业；哪些技能优势最适合创业；哪些同学的某些创意能够转化为创业商机；哪些同学的哪些资源可以作为创业的优势得以发挥。

　　大学生潜能和优势一旦被充分挖掘，就能大大提升创业的成功率和创业质量。教师的阅历总体上比学生多，特别是在学生的创业过程中，教师作为一位旁观者，可能对某些事情有不同的看法，所谓旁观者清，当学生在头脑发热时，要慎重地提出参考性的意见，这就要求创业指导教师将自己定位成一个参谋者或提醒者，而不仅仅是一个传授学科知识的教师。这里教师们有两点要特别注意：第一，自己提出参考意见时，一定要有充分的论据，要做充分的准备，否则是对创业者的干扰；第二，不要轻易地否定学生的做法，在否定时一定要有相应的建议可以提出来供他参考。创业大学生群体的优势在于学习能力强、创新能力强、接受能力强、专业素质高。因此，大学生创业有着不同于普通人群创业的地方。特别是当把大学生创新创业放到国家层面、把它理解为"提升国家竞争力"的举措来看，高校创业指导教师角色定位中的更高一层境界的重要意义就体现出来了。同时，要达到10%大学毕业生创业比率这一目标，高校应该把学生的个人创业行为有序地组织起来，可根据具体情况组建创业团队，并适当进行引导，让学生利用自己的专业优势、技能优势、互联网优势和移动互联网优势等现代科技优势，结合国家经济社会的发展需求进行创业。所以说，教师的引导者角色和组织者角色十分重要。

　　明确了创业指导教师在大学生创新创业指导中的角色定位之后，其作用也就十分清晰了。教师们也就可以自信地参与到大学生创业指导的过程中去，而不必担心学生的抵触。高校的创业指导工作也就可以蓬勃地开展。陪伴者、服务者、学习者和共同成长者、激励者、挖掘者和参谋者、引导者和组织者角色，我们的作用主要是整合资源为大学生创新创业服务，搭建平台为大学生创新创业者及其相关人员提供服务，为大学生创业者做好各种帮扶工作。资源整合是老师们应该做、也能够做好的工作，是老师们相比学生而言具备的优势。这些资源包括学校的部门资源、专业老师资源、学校闲置课题资源（含闲置专利资源）、学校的校友资源、用人单位资源以及政府相关职能部门资源等。这些在教师们眼中不那么重要的资源，对创业的大学生来说，也许是帮助他们创业成功的最重要的初始资源，整合这些资源远比给他们讲述创业政策更有帮助。

学校各部门的资源包括院领导、团委、各院系、学生处、招生就业处、科研处、实验室等。要监督学校领导为大学生创新创业提供校内优惠政策，比如给获得专利的大学生进行学分奖励、给指导教师晋级加薪、给学生创新创业提供支持政策等。

大学生的创业必须与其他人士的创业有所区别。其核心是要利用大学生的专业优势、知识优势和技能优势来创业。各领域的专业课教师对于本领域大学生创业的指导对于大学生创业者来说是十分宝贵的资源。学校的校友资源对创业的同学极有帮助，尤其是对想利用本专业优势进行创业的学生来说，专业领域内成功创业的校友走过的路更值得信赖。用人单位资源不仅仅是对就业学生有帮助，对有创业意向的学生也是有帮助的。比如可以提前让有创业意向的大学生进入这些企业进行见习，了解生产中待解决的问题，从中找到创业点，减少项目调查和论证的周期。同学们可以在见习中，发现理论和实际的差别，并把问题带回去请教老师予以解决。这种来自生产一线的需求更利于大学生们产生创新创业灵感。

2.专业课教师在创新创业活动中遇到的问题

创新创业教育发展势头强劲，各高校也在不断地深化教学改革，取得了一定成效。例如，形成热火朝天的创新创业氛围、教师教学形式多样化、教学手段信息化、教学资源立体化、教学内容现代化。但部分教师仍然对创新创业教育认识不足，例如，认为创新创业只是个别优秀学生所做的事，对大部分学生只进行专业教育，而这极少数学生的教育也没有列入教师的教学计划中。或者认为对学生创新创业能力的培养与专业课教师无关，而是只负责向学生传授专业知识和技能，导致学生参与创新创业的程度不高。

创新创业教育的实践性决定了专业课教师只具备理论知识是远远不够的，还应该具有较强的实践动手能力，才能指导学生的创新创业实践，帮助学生解决创新创业中的各种问题。事实上，大多专业课教师是毕业后就到学校任职，工作经验不足、实践操作能力不强、项目管理和运营能力缺失，创业的实践经验少之又少，师资现状难以满足创新创业教育教学的要求。

师资培训和学习是提升教师创新创业教育能力的有效途径，毕竟很多老师接受的教育并不完全符合现有的创新创业教育要求。培训和学习的形式归纳起来主要有：聘请"双创"教育专家、学者开展专题培训，提升教师创新创业理论水平。例如，为贯彻落实《国务院关于推动创新创业高质量发展打造"双创"升级版的意见》（国发〔2018〕32号）精神，强化创新创业教育工作，加快建立一支高素质的创新创业培训专业师资队伍，广州工商学院定期召开创新创业教育师资能力提高培训班。需要强调的是，高校教师通过自身实践积累创新创业经验和专业发展的形式还不够丰富。

（三）两股力量共同推动创新创业教育

因校制宜，打造形式多样的创新创业教育模式。高校根据自身发展目标及特点开展不同的教育模式，并依据模式特性开发课程、组织教育教学活动。我国高校数量众多，发展状况不尽相同，因此从上而下地对所有高校实施一种教育模式是不合适且不现实的。普通地方高校应明确本校发展创新创业教育的目标，只有厘清了发展的目的，选取合适的教育模式，才能进一步规划教学任务，有针对性地培养创新创业教师及学生。积极促进创新创业教育观念的转变，从传统的教育观念发展为多元化的教育观念。解放老师和学生思想，探索多元化的创业教育模式，尝试不同的创业教育方法，在理论研究和实践探索中形成符合学校实际情况、学生实际需求的创业教育理念。根据高校创新创业教育模式的不同，开发出一整套多层次、系统化的创新创业课程，建立具有本校特色的教学运作系统。

营造创业氛围，共同调动各类资源。在美国，全社会形成了浓厚的创业氛围，将创新创业教育当作高校、政府、企业、教育人员等全社会的共同责任，并充分调动一切可调动的资源以服务创新创业教育。我国要达到这种"全民参与"的程度还有很长的路要走。要明确创新创业教育的重要性，各行各业都需要创新创业教育来培育人才，从中获得长足的益处，才能调动企业参与高校创新创业教育活动的积极性。但创业氛围的营造并非一朝一夕，也不能只靠一兵一卒的努力，应该在创新创业教育的每个环节参与者都重视起来，在潜移默化中形成，这需要一代甚至几代人的共同努力。

完善创新创业相关机构设置。我国高校对创新创业教育定位不清，机构设置上的不完善将直接导致很难实现管理系统化，各方分工不明晰。我国高校应当完善创新创业教育相关机构设置，理清各部门职责，确保学工教师与专业课教师在创新创业教育进行的每一个环节都有对应的管理机构或每个环节能采取有效的管理措施。建立学科中心，开发创新创业课程，完善创新创业教育案例，扩展创新创业研究范围；建立创新创业教务管理机构，统一安排师资的招聘、管理与培训，制定合理的薪资管理办法，安排教师课程与工作，提供教师培训项目；建立创业活动园，进行产学合作，与企业接洽，为教师与学生提供实践平台；建立创业孵化中心，促进创业实践成果的转化。

加强教师培训，提高教师待遇。目前，我国创新创业师资的培养主要采取校本培训，比较有权威性的能进行创新创业教育教师培训的项目也只有国际劳工组织开发的 KAB 和 SYB 项目。创业教师理论积淀不足，经验欠缺，因此，应对培训工作应给予重视，理论知识、授课方法与企业实践三类培训缺一不可。

五、共同推动就业工作

近年来，高校毕业生人数连年增高，就业结构性矛盾突出，打开各种就业网站不乏"就业形势复杂而艰巨""最难就业季""毕业后何去何从"等各种就业难标题，给高校毕业生带来严峻的就业压力和挑战。对大学生开展就业指导工作，是解决大学生就业难问题有效方法之一。多数高校就业指导工作都是由辅导员承担，但是辅导员的专业不强，很难做专业性、系统性的就业指导，就业指导教师多数是大班理论传授就业指导技能，很难做到个性化、动态化的就业指导。专业课教师参与就业工作是高校就业工作"人力资源成本最小化"和"人力资源效益最大化"效用的叠加，受益最大的是学生，高校专业课教师在指导学生教学和实践工作中，可以专业化、系统化、动态化、个性化、多样化的开展大学生就业指导工作，更好地促进高校就业指导工作。

高校专业课教师利用专业优势，开展专业就业指导。他们了解本专业的专业定位、专业特色以及人才培养方向，同时对专业所属行业、企业等信息认知全面。专业课教师根据专业所服务区域、行业的发展需求，围绕就业岗位关键能力，以产教融合、校企合作为突破口，从专业能力、方法能力、社会能力三个方面去培养应用型、复合型、创新型人才，提升大学生的岗位关键能力，提升大学生的就业能力。

专业课教师利用课堂优势，实时动态指导就业。专业课教师可以利用课堂教学的机会，开展实时化、个性化、动态化、系统化的就业指导工作，实时帮助学生做好学业规划和职业规划。专业课教师在日常课堂教学与学生互动过程中，通过对学生的深入了解，可以帮助学生挖掘职业兴趣、职业性格、职业能力、职业价值观等方面的优势；帮助学生树立正确的就业观和择业观；帮助学生尽早明确职场方向，规划提升自己的职业内涵，提升大学生的就业能力。

专业课教师利用实践优势，提升学生岗位能力。专业课教师可以充分利用课上、课下、校内、校外指导大学生实践的机会，开展就业指导工作。培养应用型人才要注意理论知识与实践能力的结合统一，专业课教师通过指导学生实践，使广大学生在实践中受教育、长才干，拓展综合素质，增强社会责任感和社会适应能力，提升大学生的岗位关键能力，提升大学生的就业能力。

专业课教师利用社会资源，拓宽学生就业渠道。专业课教师可以利用校企合作资源，本着优势互补、互惠互利、协同发展的原则，在产学研、实习以及就业与招聘等方面进行合作，充分发挥学校人才培养和服务社会的功能，加强学校教学及人才培养工作与地方经济社会发展的紧密联系，更好地为地方经济建设和社会发展服务，同时借助于地方行业部门和企业的优势，为师生提供实践平台，为学生提供就业机会，共造人才，实现双赢。

高校专业课教师的就业指导能力是在专业化背景中提出来的，由于专业课教师专业能力的复杂性，目前关于专业课教师的就业指导能力还没有定论。笔者认为，总结专业课教师的就业指导能力建设应该从注重培养服务意识、知识技能、创新理念、管理理念、优秀品质等方面入手提高专业课教师就业指导能力。

第四节　优化激励评价政策，推动协同育人机制

辅导员与专业课教师协同育人模式的构建是为了促进大学生教育实效性提升。协同育人模式的功效要充分发挥就必须对模式进行科学的评估。合理而适当的评估是一种激励与反馈机制，既可以改善协同育人模式系统内各要素之间的相互关系，又可以及时根据辅导员与专业课教师协同育人过程中发现的问题进行反馈和动态调整，增强教育系统内在运行动力，最终使协同育人模式发挥最佳协同育人功能。因此，应建立辅导员与专业课教师协同育人模式评价体系，遵循导向评价、整体评价、动态评价等评价原则；从理论与实践双重视域分析协同育人模式的效能。

一、遵循导向性评价

评价的目的不是陈述事物的优劣、好坏与等级，而是通过设置评价标准和体

系来衡量目标的实现程度，最终是为了促进和导向事物向更好的方向发展。任何评价、评估工作都是具有导向性的，对辅导员与专业课教师协同育人模式的评价同样具有导向性。遵循导向性评价原则，首先这个重要的导向就体现在坚持政治导向。我国的高校是党领导下的社会主义高校，这是我国高校的"底色"。"培养有理想、有本领、有担当的时代新人是新时代高校思想政治教育的目标，也是衡量人才质量的基本标准"。这是我国高校人才培养的导向。协同育人模式要达到的思想政治教育目标是：培养中国特色社会主义事业的合格建设者和接班人。那么对该协同育人模式的评价标准就必须围绕这个思想政治教育目标来设计。其次，导向性评价原则要求思想政治教育评价具有导向性功能。即对协同育人模式进行评价的过程也就是对其进行引导和调节的过程，针对辅导员与专业课教师协同育人过程中出现的问题及时进行分析和判断，及时调整思想政治教育主体优化协同育人方案。

二、遵循整体性评价

整体评价原则仍是建立在系统论方法论的基础上，强调全面、整体、系统地评价客观事物，不仅是评价客观事物的存在，而是要坚持从整体出发，对事物的现状、发展趋势等方面进行可视化的评价，坚持用整体评价原则评价辅导员与专业课教师协同育人模式。首先，多维度设计评价指标。在设计评价指标体系时不仅是考量某一方面取得的实效，而是既要从理论视角评价协同育人模式所达到的创新之处，又要从实践视域下评价辅导员与专业课教师协同育人合力是否有所增强、大学生思想政治教育实效性是否有所提升；其次，多方面考量评价标准。在实施整体评价过程中还必须坚持评价标准的全面性，也就是评价标准必须反映模式中的每一个要素，不能突显个别指标，也不能遗漏与评价相关的要素。除了对协同育人模式中的要素进行评价之外，要全面贯彻整体评价原则，还必须对模式的结构、机制等建立相应评价指标进行全方位的评价。

值得注意的是，坚持整体评价的过程中要求收集评价信息的真实和有效性，不能唯"材料论""经验论"，要多结合实际。

三、遵循动态性评价

对辅导员与专业课教师协同育人模式进行评价必须坚持动态评价原则。首先，从思想政治教育评价的过程性来看，具有动态性。思想政治教育评价过程主要包括制定评价体系、标准、目标—收集思想政治教育资料—分析和研判思想政治教育现状—反馈思想政治教育情况得出结论等步骤。这些步骤不是一成不变的，而是根据微观视域下的思想政治教育进行动态调整的。其次，思想政治教育活动或思想政治教育本身就是一个动态化的过程。大学生的思想品德变化具有长期性、渐变性的特点，并不是立竿见影的瞬时教育活动，教育者对受教育者实施思想政治教育影响后，其效果不能同步产生，往往要经历较长的时间，思想政治教育效果具有后发性、滞后性的特点。必须坚持动态性评价原则，坚持发展的观点，客观、动态地评价辅导员与专业课教师协同育人模式的思想政治教育效果。最后，只有坚持动态评价原则，协同育人模式才能得到丰富和发展。这种动态性还体现在评价过程中，根据实际需要，不断培养各支队伍人员的协同育人能力，改善协同育人结构，建立协同育人机制。

第五节 加强交流沟通，落实联络机制

在新时代的高校教学工作及教学环境要求下，专业课教师单纯课堂教学已经不再可以满足教学要求。专业课教师必须及时地掌握学生动态，了解学生课堂接受知识的程度及层次，以便可以及时反馈信息，转变教学方式及教学重点，增加学生学习兴趣及热情，提高教学效率。但是，目前专业课教师仍很少有充分的时间了解到这一切。而且，即使有充分的时间进行师生交流，基于平时专业课教师树立的权威性及严肃性，以及其直接与授课科目试题、成绩挂钩的特殊身份，也会使学生望而却步，他们也未必会以自己的真实想法对老师的教学方法等提出疑问。

年级辅导员就其身份及工作性质而言，担任的是与学生进行政治思想方面的交流工作。他们经过长时间的合作，已经有了相互的信任和友谊，可以在一种轻松自然的环境中交流一切。而且，新时代辅导员职能的扩展，要求可以采取有效手段缓解学生过重的学习压力，辅助调整个别学生的知识结构失衡及学习方法的不当。辅导员可将学生的信息加以整理并及时反馈于专业课教师，使其可以自查。故而，任课教师必须加强与辅导员的联系，以及时地掌握学生动态、学生课堂接受知识的程度及层次，及时反馈信息，转变教学方式及教学重点，提高教学效果。并且，专业课教师加强与辅导员的联系还可以激活高校思想政治辅导员工作的教学职能，摒弃思想僵化、压制冒尖的保守习俗，针对学生知识情况，提供有利于培养创新意识和各种人才脱颖而出的环境。而且可以与专业课教师相结合，通过多种手段与形式、方法调整高等院校学生精神生活坐标，不断扩大学生文化活动范围，倡导学生间自由探讨和理性思维，拓展学生文化活动和生存空间，潜移默化地教育学生。

第六节　完善育人评价体系，倒逼协同紧密度

一、多项措施调动协同育人的积极性

时下，由于对针对两支育人队伍的考核评价在方式方法上仍不够客观科学合理，具有一定的片面性，导致了专业课教师与辅导员主动参与协同

育人的积极性和主动性不够。专业课教师为繁重的教学和科研的任务所烦恼，辅导员则局限学生日常事务的管理，二者均缺乏时间和精力去共同探讨如何在协同中提高育人有效性的对策。若要形成两支育人队伍之间的协同，就必须改变当前过度关注专业课教师和辅导员各自的工作业绩且定量权重过高的考核、评估和激励的办法，才能充分发挥两支育人队伍协同育人的长效机制，在更大程度上调动两支育人队伍的积极性和主动性。

以监察促协同。监督评价体系的构建有助于加强两支育人队伍协同育人的合力，有助于确保两支育人队伍在育人工作的协同中同心同力且合理而规范地对大学生开展思想政治教育工作，有助于提高两支育人队伍的教学水平、管理水平和科学研究的合作水平，有助于为高校系统中其他育人主体的协同提供实践依据和经验参考。具体措施，可根据实际情况，采取充分结合学校教务或学工部门的不定期检查、学校领导和二级学院领导突击巡查、学生随机抽样调查或全面普查的方式去考察督查专业课教师与辅导员协同育人的效果与质量以及满意度，确保在专业课教学、学生日常行为的管理、学生校园文化活动、学生社会实践活动、专业课题的申报和科研项目研究等方面，专业课教师和辅导员能够在协同中实现同心同力，做到同频共振。

以考评促协同。科学优化后不断趋于合理的评估体系能够协调高校中各育人要素之间的关系并使之的形成良好的协同，保证高校内部各育人要素之间的有序性，并进一步增强各育人要素所形成的育人合力，最终实现高校育人力量的有效整合和合理优化，推动育人目标的实现。这就要求高校一改过去过度关注专业课教师或辅导员各自的表现、不利于二者之间形成协同的评估方式，应该将专业课教师参与组织学生社会实践，班级活动、党团活动等方面的工作纳入工作量的计算，对辅导员专业课的旁听课时和与专业课教师合作进行科学研究活动作出具体要求，通过以上措施和其他方法不断建立健全重在评价两支育人队伍的协同开展育人工作的体系。关于两支育人队伍协同的考核评估，应对二者协同育人工作的绩效和内容进行期中、期末和学年完成的质和量进行考核，以此来跟进并确保专业课教师和辅导员协同开展育人工作，同时对两支育人队伍在协同中出现的问题进行及时的修正并不断改进。

以激励促协同。《普通高等学校辅导员建设规定》（2017）指出高校应制定专门办法和鼓励保障机制落实辅导员职务职级"双线"晋升的要求，《关于加强和改进高校青年教师思想政治工作的若干意见》（2013）也强调了将青年教师从事大学生思想政治教育工作的经历纳入职务晋升和职称评定的考核重要条件，这对青年专业课教师参与辅导员工作具有重要约束和激励作用，也有利于加强专业课教师与辅导员的协同育人。为充分发挥专业课教师和辅导员协同育人的合力，必须运用科学合理的激励手段来鼓励和引导两支育人队伍形成育人工作上的协同，才能提高两支育人队伍协同育人的积极性，才能实现高校育人系统的运行良好。具体说来，高校应通过将专业课教师和辅导员协同育人的工作纳入绩效考核、先进评选、职务晋升、职称评定、课题申报的考察和评分，以此来激发专业课教师和辅导员协同育人的实效，这样的激励和引导能增强两支育人队伍协同育人的内在动力。

建立健全科学合理的考核机制和评价机制是有效推进专业课教师与辅导员协同育人的重要保证。有必要制定一套科学合理的、定量和定性相结合的评价标准，将专业课教师的主管部门即二级学院的评价，辅导员的主管部门学生工作部（处）以及辅导员所在的院系评价，专业课教师所教专业学生的评价，辅导员所管理学生的评价等纳入专业课教师和辅导员的学期、学年考评范围。而评估内容方面，除既有的专业课课堂教学效果和辅导员日常管理秩序和服务质量等，还应加入两支育人队伍教学、管理、服务育人协同等方面的考量，并加入两支育人队伍协同中所进行的沟通交流与合作的质与量的考量。这就需要在校党委的正确领导下，对两支育人队伍的考核制度和考核内容不断改进，在科学严格地考量评估两支育人队伍的教学能力、管理能力和科学研究能力的基础上加入协同育人的考核内容，在评估过程中必须做到严格执行评估程序，杜绝评估的松、散、软等问题。就两支育人队伍的协同方面，学生的评价能够直观反映两支育人队伍协同对育人工作的改进，对于某位专业课教师或辅导员，可以采取发放网络问卷的方式调查其所面向的学生，充分发挥互联网的优势，从问卷数据中分析协同育人的开展情况。评估只是考核的手段，建立健全考核机制的目的其实在于发现问题、作出调整、不断改进，在此基础上加强专业课教师与辅导员之间的协同，进一步优化高校的育人效果，坚持立德树人，履行好高校人才培养的职能。

二、优化评价指标

教学工作量是普通高校教师教学绩效中最基本的评价内容。根据量变与质变辩证关系原理，量变是质变的开始和准备阶段，质变是量变的必然结果，量变发展到一定阶段才会产生质变，因此必须要重视量的积累，也要掌握适度原则，把量变控制在合理的范围内，还要积极创造条件引起质变。普通高校作为教育学生和培养人才最主要的场所，应该把教学作为普通高校各项工作的重中之重。教学工作量应该作为教学绩效的主要内容，只有教学工作量达到一定的数量和标准，对学生的教学任务才能完成，提高学生的知识技能和能力素质水平的目标才有可能实现。但是教学工作量也不是越多越好，而是应该控制在合理的范围内，这样才能保证教师把有限的工作时间和精力合理分配到教学工作量和教学质量等教学绩效的各个方面，而不是一味地追求数量，忽视质量和效果。教学工作量一般包括教学时数、学生数量、公共课与基础课的门类和数量等指标。教学质量是普通高校教师教学绩效评价中最核心、最重要的评价内容。因为第一，教学质量的高低是普通高校教师教学工作优劣以及学生学习效果好坏的决定性因素；第二，教学质量涵盖了从教师内在的教学态度到外在的教学过程、从有形的教学内容到无形的教学方法、从主观的教学能力到客观的教学效果等方方面面的因素；第三，教学质量的评价与反馈在帮助教师专业素质提升和职业能力发展方面的作用是举足轻重的。

教学质量一般包括教学内容、教学方法、教学过程、教学态度、教学能力、教学效果和实践教学等方面。教学内容是教学的载体，普通高校教师只有把要传授的知识、技能和素质以教学内容的形式表现出来，学生才能更好地学习和接纳。教学内容主要表现在科学性、前沿性、适应学生需要、理论联系实际、重点难点几个方面；教学方法是教学的媒介，普通高校教师只有采用一定的方式和方法才能把教学内容有效地传达给学生。教学方法主要表现在启发性、创新性、重点突出和详略得当、系统性和条理性、因材施教、教学工具的使用几个方面；教学过程是教学行为的表现，普通高校教师的教学目标必须通过必要的行为和过程才能实现，这个过程既是教师教学的过程，也是学生学习的过程。教学过程主要表现在教材选用、教案编写、教学大纲执行、课堂管理、课堂气氛几个方面；教学态度是教学的内驱力，普通高校教师必须有为人师表、传道授业、培养人才的教学态度，才能把教学工作做好。教学态度主要表现在教书育人、师生关系、纪律性、积极性、责任感、耐心认真、听取意见和改进不足几个方面；教学能力是教学的基础，普通高校教师必须先具备渊博的知识储备、深厚的实践积累和丰富的教学经验等教学能力，才能把教学内容安排得井井有条，把教学过程进行得有条不紊。教学能力主要表现在知识背景、表达能力、创新能力、沟通能力、反思能力、多媒体教学能力几个方面；教学效果是教学的结果，普通高校教师的教学行为和教学过程应该产生良好的结果和效果，必须对学生知识技能的增加、综合素质的提升以及性格人格的改善起到积极的作用。教学效果主要表现在课堂教学效果、学生学习效果、师生互动效果几个方面；实践教学是教学的另一种表现形式，它不是传统意义上在教室里教师对学生的耳提面授，而是在不固定的场所和时间对学生的学习和成长提供有用的指导和培训，有助于学生举一反三、融会贯通，更好地理论联系实际。实践教学主要表现在实践技能、指导论文效果、指导实践效果几个方面。

育人成果是普通高校教师教学绩效中的闪光点与加分项。育人成果是凝结了教师的智慧、精力和教学劳动的，符合教学发展规律和受教育者身心发展规律的，对受教育者、学校以及社会具有积极影响和价值的成果。优秀的育人成果一般需要满足三个条件：第一，优秀的育人成果必须是独树一帜的、有开创性的，关注当前教育教学领域的前沿进展和发展方向，能够前瞻性和创造性地解决他人没有解决的问题；第二，优秀的育人成果必须符合教育教学发展规律和受教育者的身心发展规律，适应社会发展和人民需要，能够在其他普通高校或者相关教育机构和部门进行推广与应用；第三，优秀的育人成果还需要具备实用性和有效性，能够有助于社会经济文化的发展、普通高校教育教学水平的提升、受教育者知识能力和身心健康的发展。育人成果一般包括教学获奖和指导学生获奖两个方面。

教学改革是普通高校教师在长期的教学实践中探索、教学经验中总结和教学研究中领悟到的改进与革新。一方面，普通高校教师教学改革不是孤立存在的，而是应该包括在整个教育改革当中，充分利用教育改革中的积极因素探寻理论来源、找准正确改革方向、利用有利条件；另一方面，普通高校教师教学改革本身是一个错综复杂的有机系统，系统内的各个要素、层次和任务都是相互关联的，有着牵一发而动全身的整体效应。普通高校教师教学绩效改革的覆盖面是非常广阔的，包括教学观念改革、教学方法改革、教学模式改革、教学工具改革、教学思想和教学思维方式改革等各个方面，而普通高校教师教学改革的核心在于使教学现实与教学理想之间的距离不断缩小，实现教学的实然状态向教学的应然状态的靠拢与转化。教学改革一般包括教改项目的数量与获奖、教学论文的数量与获奖两个方面。

教材建设是衡量普通高校教师综合教学能力与水平的一个重要标志。普通高校教师教材建设首先要以教学大纲为依据，因为教学大纲对课程目的、课程内容、课程要求、教学模式以及教学方法都做出了详细的规定，以教学大纲为依据能够保证教材建设的科学性；其次，教材建设要符合社会、普通高校以及学生的需要，因为教材是为社会、普通高校以及学生服务的，只有符合他们的需要、满足他们的诉求才能保证教材建设的普及性；再次，教材建设应该建立在深厚的教育教学理论积淀、丰富的教育教学实践经验的基础上，因为教材作为教学内容的物质载体，最终目的是传递科学的理论知识用以指导实践，因此理论联系实践才能保证教材建设的有效性。教材建设一般包括教材出版、教材获奖和规划教材几个方面。

课程建设是普通高校一项长期的、系统的教学工程，它直接关系到普通高校教师的教育教学质量以及普通高校的人才培养质量。普通高校教师课程建设主要包括三个方面：第一，根据社会经济、科技和文化发展的需要，与时俱进地调整课程目的、课程理念、课程知识体系、课程教学模式、课程教学资源以及课程任课老师的课程要素，使课程要素不断适应社会发展需要；第二，根据学生的需要把课程建设要素和学生紧密结合起来，使课程建设最大限度地满足学生学习、成长和发展的需要，符合学生的身心发展规律；第三，根据人才培养的规律，把课程建设要素组合成一个相互影响、相互促进、相辅相成、协调统一的整体，这样才能充分发挥课程建设要素对人才培养的协同促进作用。课程建设一般包括教学实验室、教学基地、精品课程几个方面。

三、科学地使用评价结果，倒逼协同紧密度

根据评价结果开展培训。在构建学习型社会的背景下，终身教育和终身学习已经成为大势所趋。因此，就职于教育和学习最重要场所的普通高校教师更需要与时俱进地参与培训和学习，才能满足学校和社会对教师日益增长的理论和实践要求。科学有效的培训是根据教师的个人特点和个性化需求安排的有针

对性的培训，而普通高校教师的教学绩效评价结果为教师培训提供了可靠的依据。

教学绩效评价结果为教师培训提供依据主要体现在两个方面：一方面，对于教学绩效评价结果较差的教师，根据评价结果帮助分析原因，找到其教育教学上存在的欠缺，然后针对不足的方面提供相应的教育和培训，使其更好地满足岗位需求，实现教学绩效目标；另一方面，对于教学绩效评价结果优异的教师，可以提供激励性培训和发展性培训，安排教师到国内外知名高校交流访问，进一步提升他们的教育教学和科学研究能力，从而能够在今后的工作中取得更大的成就。根据评价结果了解教师发展。普通高校教师教学绩效评价贯穿于教师教学工作的全过程，内容涵盖了教师教学的数量、质量、过程以及结果等各个方面。因此，教学绩效评价结果在一定程度上能够反映出教师的教学态度、教学能力、教学业绩等与教学息息相关的信息。普通高校的领导以及管理人员可以根据评价结果对教师在教学工作中的表现、教师在不同时期的发展与进步、他人对教师教学工作的评价等有一个大致的了解，帮助领导和管理者认识教师以及科学决策。

除此之外，教师本人也可以根据评价结果更好地认识自我、评价自我，及时改进不足，不断促进自我发展和提升。根据教师的教学绩效评价结果对教师实施奖励主要表现在三个方面：第一，对教师某种行为给予适当的奖励，例如对重视与学生互动、培养学生思维能力和问题解决能力的教师给予一定的奖励；第二，对教师完成某种教学绩效目标的奖励，例如对那些为普通高校以及所在院系完成教学发展目标做出突出贡献的教师给予一定的奖励；第三，对教师群体影响力的奖励，例如对在教学团队中发挥重要作用并积极带动和影响教学团队的教师给予一定的奖励。另一方面，根据教师的教学绩效评价结果对教师实施惩罚主要表现在两个方面：第一，对不能按照合同约定完成教学绩效目标的教师给予适当的惩罚；第二，对在教学活动中违背职业道德和有损教师角色形象的教师给予一定的惩罚。

判断教师与所在岗位是否匹配以及教师的教学态度、教学能力和教学业绩等是否达到自身的职务要求，必须依据对教师在较长时期内的教学绩效评价结果，这样才更有利于学术队伍的健康发展和管理队伍的合理优化。教学绩效评价是一个长期的、动态的、连续的、系统的过程，因此教学绩效评价结果也能够为管理者提供长期的、动态的、连续的、系统的有关教师教学行为和教学结果的信息，从而有利于帮助管理者分析教师的岗位设置和职务聘任情况。长期保持较好的教学绩效评价结果表明教师与所在岗位匹配度较高，并且教师的教学业绩较好，可以考虑维持教师的工作岗位并提高教师的职称及职务。多次取得较差的教学绩效评价结果表明教师的个人素质与所在岗位不太匹配或者教师的工作态度消极、工作能力低下，可以在进一步分析原因以后对教师做出岗位调整或降级、淘汰等相应的处理。虽然普通高校教师具有较强的自我管理、自我发展的愿望与能力，但是绩效薪酬制度在鼓励教师提高工作绩效、促进自我发展方面还是起到了很大的作用，而且绩效薪酬制度也是绩效管理的题中之义。根据教学绩效评价结果确定教师的薪酬，有利于使教师的薪酬与岗位职责、教学业绩以及实际贡献相匹配，从而充分调动教师的教学积极性和工作热情。根据类别和属性的不同对教师提出不同的绩效要求、实施不同的绩效薪酬方法，才能最大限度地激励教师。

第七章 高校人才建设培养的实现路径

青年兴则国家兴，青年强则国家强。人才是实现民族振兴、赢得国际竞争主动的战略资源，作为培养适应经济社会发展需要的人才的高校，正确解读新时代的发展需求，深化教育改革，创新人才培养模式，提升大学生应对当前和今后发展中面临的机遇和挑战，将大学生培养成为符合新时代经济环境发展需求的创新型人才，是时代赋予高校的历史使命。

习近平总书记指出：学生在大学里学什么，能学到什么，学得怎么样，同大学人才培养体系密切相关；一流大学的人才培养体系，内容丰富，必须立足于培养什么人，怎样培养人等根本问题来建设。这就要求高校在人才建设培养的实现路径上完善科教融合、产学协同的开放式培养路径。突出科教融合，强化科研育人；加快完善校企密切合作模式，强化产学协同；加强校际合作，加强与国内外高水平大学、顶尖科研机构的交流与科研合作，"走出去"和"请进来"相结合，营造良好的国际化教学科研环境，推动中外优质教育模式互学互鉴。

第一节 专业教育与通识教育相融合

一、专业教育与通识教育相融合的必要性

（一）专业教育的特点

专业教育是指高校、中专、职业技术学校等进行的培养专门人才的教育，学

校通过系统的讲授一个学科一个专业的知识，培养具有单一学科专业知识和专门技能的人才。学生通过单一学科单一专业的学习，获得一定的专业知识和技能后从事专门职业或专门岗位。专业教育具有以下几个特点。

第一，专业教育的目的是培养单一学科单一专业领域的专门人才。

第二，专业教育是通过分科独立教学实现的，学科教学独立，不与其他学科交叉。

第三，专业教育的内容单一，仅限于一个学科一个专业，知识面比较狭窄。

第四，专业教育以职业为导向。随着现代工业的发展，教育日益承担起为社会和经济发展培养专门人才的任务，专业化的教育逐渐成为现代高等教育的总体性特征。因此，高等教育可以界定为"培养完成完全中等教育后的人，使他们成为具有高深知识的专门化的人才的社会活动"。经济社会的发展要求高等教育要以职业为导向。

（二）普通教育与专业教育的冲突与共存

普通教育主要是指以升学为目标，以基础科学知识为主要教学内容的学校教育。由义务教育延续并由国家统一招生录取的中、高等教育系列，主要进行"全日制"学习的学历教育。普通教育以升学为主，专业教育以专业技能为主。根据每日经济新闻的消息，我国已经建成世界上规模最大的高等教育体系，高等教育入学率达到 48.1%，中国将由高等教育大众化阶段进入普及化阶段。因此，高校需要对现有的教育资源进行重新分配，力求科学合理，以适应经济环境的需求，适应社会公众对高校人才培养的需求，如传统的普通教育和专业教育以升学和培养专业技能为主要目标，忽视对学生人性、人格的养成教育，缺少人文精神。我国社会主义市场经济的良性运行和健康有序的发展，离不开良好的道德风尚和社会人文环境。人文环境是指人们周围的社会环境，是社会本体中隐藏的无形环境，是一种潜移默化的民族灵魂，专指人类活动不断演变的社会大环境，是人为因素造成的、社会性的，而非自然形成的，它的产生和广泛使用适应了人类社会文明进步的客观需要。显然，普通教育与专业教育缺少人文精神的教育方式不利于经济环境的发展，这就要求高校的人才培养要提高人文素质教育，传承人文精神，使大学生能够得到更好、更全面的教育，专业技能与人文精神兼备，既成"人"又成才，德才兼备，又红又专才能成为社会主义合格的建设者和可靠的接班人。芝加哥大学前任校长赫钦斯说："大学存在两个目标的冲突，一个是纯粹对真理的追求；另一个也是大学所公认的，就是为人们毕业后的事业做准备"。这种目标冲突就是普通教育与专业教育的冲突。普通教育与专业教育虽然存在冲突，但绝不是对立的，二者存在互补性和相融性。曾任普林斯顿大学校长的美国前总统伍德罗·威尔逊说："我们的专业人员所获得的自由教育绝不能只是他们接受技术训练之前的教育，而必须与技术训练同时进行。"因此，可以说普通教育与专业教育既有冲突又是共存的，二者各有所长，共存互补，在教育体制改革中，普通教育和专业教育都在改变和探索中寻求更好的发展。

人文教育的实质是人性教育、人格教育、成"人"教育，包括人文精神教育和个人成长教育，而普通教育和专业教育都缺乏人文教育。虽然我国的专业教育长期以来造就了不计其数的专业人才，为祖国的建设和发展起到了不可替代的作用，但由于忽视人性教育、人格教育，缺少人文精神的培养，导致专业人才的专业技能突出，而个人综合素质不高，虽然推动了国家的经济建设，但是对社会良好道德风尚和社会人文环境的建设是不利的。普通教育和专业教育在人文教育方面的缺失，导致高等教育资源分配不均衡的现象严重，成为我国社会经济发展的制约因素，因此，在专业教育培养大学生的专业技能的同时，加强人文教育，融入人文教育课程，课程设置从单一化向多元化迈进是高校课程改革的重中之重。

（三）通识教育是一种人文教育

与专业教育相比而言，通识教育重在"育"，专业教育重在"教"，通识教育强调的是育人功能，即成"人"教育，注重人性教育、人格教育，它没有专业的硬性划分，课程设置多样化，学生在多样化的课程选择，得到了自由自在的成长，与专业教育培养的"千人一面"的人才相比，通识教育更加注重个性教育，注重人的自然性，可以说，通识教育是一种人文教育，它超越了专业教育的功利性和实用性目的，强调人的自然成长和人格的自然养成。德国哲学家、社会学家尤尔根－哈贝马斯曾说："通识教育是一种关注人类的交往资源培养的教育行为"。随着经济全球流越来越频繁，东西方思想文化和价值观念在不断的交往和碰撞中产生了一定程度的普遍性共识，并逐渐形成了普遍主义价值，涵盖的内容包括自由、平等、理性、仁爱、责任、权利、正义和同情等。通识教育涵盖了人与人、人与社会、人与自然之间的关系，是通过交换资源培养来实现普遍价值的教育过程。因此，通识教育相比专业教育而言，更适应经济社会发展的需要，在高校人才培养中具有非常重要的作用。通识教育就是"通"和"识"的教育，即高校对学生实施的共同的学科专业知识的教育，学生在学习通识课程后能够具备基本思维能力、社会适应能力和价值判断能力，无论成才与否，作为一个独立人格的人，具备积极向上的、健康的社会生存能力。通识教育强调激发人的自主性，注重培养学生的健全人格和综合素质，相比专业教育的"专"，通识教育力求"博"，通过通识教育，学生能够进行有效的思考、思想的沟通、恰当的判断和分辨各种价值，能够具备独立发现问题、分析问题和解决问题的能力，正如斯宾塞所言的："为完满生活做准备"。因此，从根本上说，通识教育是一种人文教育，是一种启发心智、唤醒心灵的教育。

二、专业教育与通识教育相融合的课程设置

（一）通识教育课程设置结构

专业教育的"专"和通识教育的"博"相互融合，实现通识教育课程设置的科学性与合理性，实现高校教育资源均衡发展的教育目标。专业教育注重单一

学科单一专业知识的传授，而通识教育没有明显的专业划分，它遵循"以人为本"的现代教育理念，尊重大学生的个性化、多样化、创造性、主体性、开放性等思想行为特点，设置人性化的课程体系，采用第一课堂理论教学、第二课堂实践教学手段，充分利用互联网、多媒体、新媒体等多种教学媒介，引导和教育大学生自主设计人生目标、职业生涯规划，自主选择人生发展方向，自主创新创业等，致力于培养具有健全人格和完善自我发展的人才。通过课程设置，通识教育将人文教育理念融入教学并贯穿教育教学全过程，通识教育强调的人文教育理念的核心是塑造完整人格、高尚情操和坚强意志的健全的个人，和自由社会健全的公民。通识教育的课程设置应该考虑三个层级，由低到高层层递进，大致包括七个方面的内容：人文素养、批判能力、国际视野、逻辑思考、社会认知、民主法治意识和实用技巧。

（1）全面开设人文素养的培育课程。与人文教育相关的课程全面开设，培养大学生的人文素养，适当开设一些社会科学课程，在人文素养培养的基础上激发大学生的学科专业兴趣，将通识教育侧重的"育"和专业教育侧重的"教"相结合。在实施通识教育教学时，应采用多元化的教学方式方法，激发学生的积极性、主动性和创造性。通识教育教师要具备渊源的知识，应更多地介绍人文社会学科发展的前沿信息与技术，培养学生的创新意识和创新能力；教师要具备权威的学科专业知识，善于把握学科专业水准，传授与现实生活密切相关的问题，引起学生探索科学的好奇心，激发学生的创新兴趣，并积极正确地指导部分有能力的学生分析问题和解决问题，培养学生的科技创新能力。多元化的教学方法和"专""博"兼容的课程设置无疑是提高大学生人文素养的有效途径。

（2）开设跨学科跨专业的思维训练课程。开设跨学科跨专业的课程，进行交叉教学，将不同学科、不同专业知识体系进行融合形成新兴边缘学科或研究方向，针对较有影响的研究课题或项目，以学生的兴趣、爱好为出发点，设置通识教育课程内容，有助于启发学生寻找专业切入点。课程设置集综合性、选择性、基础性和灵活性为一体，培养具有高度专业知识与能力、综合的判断力、丰富的创造力以及身心健康的人才。

（3）进行学科整合科学研究。科学研究是对学科未知领域进行探索和创新的过程，参与一定的科学研究能够使学生巩固所学的理论知识，灵活运用理论知识进行科学探索与研究，并将研究理论和结果运用于生活实践，通过人文素养的培育、跨学科跨专业的思维训练，进入高年级的学生已经初步形成跨学科学习和研究的知识结构，可以尝试将两个以上的学科专业、专题、研究领域的学科整合进行科学研究，尝试科技创新，即将现有学科专业的各类资源（知识资源、教育资源、师资与学生资源等）进行整合，将教学与科学研究结合，开展科学研究工作和教学实践活动。

（二）加强专业伦理教育

要实现专业教育与通识教育相融合的高校人才培养路径，除了设置具有融合特色的通识课程以外，要加强专业伦理教育。专业教育具有理论性、系统性、功效性和实用性等"工具理性"特点，注重"知"的层面教育；通识教育具"博雅化"和"情意化"的价值理性特点，注重情、意、行方面的教育。而专业伦理教育则兼容了认知与实践两个层面，以认知为基础，进一步强化情、意、行的实践教育。从认知层面讲，体现了专业教育的特点；从强化情、意、行的实践层面讲，体现了通识教育的特点，因此，专业伦理教育有机融合了专业教育与通识教育的特色。加强专业伦理教育的目的是在高校人才培养系统中通过课程设置和教学手段，使大学生具备将来在所属专业领域工作时应该具备的道德规范和职业操守。因此，在设置课程内容时，应充分考虑课程的实用价值，是否有助于学生在职场的自我管理与发展，既要设置基本的伦理学知识课程，还要设置各专业领域的专业伦理知识课程，尤其在教学手段运用上，要注重教学的方式方法，既强调理念知识的学习，又要强化情、意、行的实践，把专业教育与通识教育有机融合。以个案教学法为例，教师要积极引导学生以专业伦理教育的理论知识为基础，结合生活经验，在课堂上积极讨论毕业后在职场遇到问题时应遵循的价值标准和看法，大家各抒己见、集思广益，从提出问题到分析问题再到解决问题，总结归纳出问题的解决方法，作为将来在职场上遇到相同问题时的参考，并进行具体的实践操作。专业理伦教育的理论知识传授具有专业教育特色，实践教学又具有通识教育的特色，是专业教育与通识教育的有机融合，因此，加强专业伦理教育对高校人才培养具有非常重要的意义。

第二节　知识传授与思想品德教育相统一

教育不仅是向学生传授知识，更重要的是让学生养成良好习惯、培养其成长成才的能力。当前，培养复合型创新人才和德智体美劳全面发展的人才是高校人才培养工作的主要目标，是教育体制改革在新时代对于素质教育提出的新要求。创新人才培养最重要的是创新能力的培养，而思想品德教育则是内在的品质保障，新时代的创新人才需要具备一定的创新能力，更要有良好的思想品德，知识是思想品德形成的基础，而学生思想品德的提高又为他们积极地学习知识奠定了基础。道德品质的培养是教育的最高目的，但在实现这一目的的同时，却不能放松科学文化知识的传授，因此，高校的人才培养要坚持以人为本，德育为先的原则，将知识传授与思想品德教育有机统一。

思想品德教育简称德育，它作为人性教育不可或缺的教育形式具有明显的功能性。德育的功能性简而言之是指德育能够干什么、有什么作用的问题，也可以说是"培养什么样的人"的问题。我国许多学者从 20 世纪 70 年代末起就对德育的功能性问题发表了各自的看法，如檀传宝在《德育功能简论》中提出："对德育功能的认识具有重要的实践意义。高校德育功能主要包括社会性功能、个体性功能和教育性功能三类。社会性功能通过德育的文化功能和个体性功能而得以实现。"这种对德育功能的认识和界定全面地概括了德育的功能，为高校人才培养确立了目标。

一、德育的社会性功能体现了人才培养的社会效用

马克思的人学理论是从人的多样性存在审度人的本质，把人的价值放在首位始终关注人的自由全面发展。用马克思的人学理论理解高校德育的社会性功能是指大学生社会价值的实现，高校人才培养体系通过对大学生进行思想品德教育使其对社会政治、经济、文化以及自然界的发展产生社会效用，大学生德育的社会性功能体现在政治功能、经济功能、文化功能和生态功能四个方面。

1. 德育的政治功能是指高校通过德育工作培养大学生具备良好的政治素质和思想品德，使大学生对社会的政治发展起促进作用，包括政治认同、政治支持、政治表现及政治觉悟等方面。德育具有维系社会稳定、促进社会和谐的功能，影响社会政治生活，推进社会民主化进程。

2. 德育的经济功能"是指德育通过培养受教育者特定思想道德素质来对经济发展起推动作用。人是生产力中最关键的因素，德育通过影响生产力主体因素对经济发展起作用"。德育的经济功能是指培养人的经济思想和经济道德，提升人的主体意识、科技意识、诚信意识、竞争意识等经济意识，规范人的经济生活和经济行为，影响社会的经济环境与经济秩序，调节和控制人与人之间的经济关系，从而促进经济的发展。对于高校人才培养体系中的思想品德教育，从宏观方面看，高校德育的经济功能是通过对大学生进行思想品德教育，使其具有经济意识、经济思想、经济道德以及经济文化，从而影响社会经济的价值取向；从微观方面看，高校德育的经济功能是通过培养大学生的自我主体意识、竞争意识、科技意识、诚信意识、价值观念等经济意识，从而影响社会经济的发展。

3.德育的生态功能是指德育在保护环境和保护生态中表现出的独特作用。长期以来，我国经济的飞速发展对生态环境没有给予足够的重视，导致生态环境恶化，成为经济发展的制约因素。党的十八大报告首次提出了生态文明的概念，党的十九大把"坚持人与自然和谐共生"作为新时代坚持和发展中国特色社会主义的基本方略，把"打好污染防治攻坚战"作为决胜全面建成小康社会"三大攻坚战"之一，对建设美丽中国做出了新部署。把经济社会发展与生态文明建设统一起来，统筹安排，遵循经济发展规律、大力发展经济的同时，更不能违背生态规律。高校通过系统的德育理论课程学习和多样化的德育实践活动，教育和引导大学生树立正确的生态文明理念和生态文明观，增强环境保护的责任感和使命感。

4.高校德育的文化功能是指高校通过创设各种不同的文化情境对大学生进行教育、引导和熏陶，在共同的价值规范中培育大学生适应社会变化与发展的能力、解决多种文化思潮冲突的能力、提高文化创造与整合的能力，增强大学生的创新意识、创新精神和创新能力，最终促进大学生人格的完善和全面发展。高校德育的文化功能对大学生思想品德的影响是多方面、多角度的，主要表现在引导、凝聚、建设和辐射四个方面的功能上。

（1）引导功能是指高校德育文化对大学生产生的正向感召力。高校德育工作"应该以科学理论武装人，以正确的舆论引导人，以高尚的精神塑造人，以优秀的作品鼓舞人"，高校通过德育教育和引导大学生树立正确的世界观、人生观和价值观，做社会主义核心价值观的坚定信仰者、积极传播者和模范践行者，激励他们为社会主义事业而奋斗，树立远大的理想信念，并将个人理想与国家理想相统一，将实现个人价值与社会发展相互结合，以德励才，以德成才，自觉地以高尚的道德标准来规范自己的一言一行、一举一动。

（2）凝聚功能是指高校通过德育对大学生进行爱国主义教育，激发他们的历史责任感、使命感和民族认同感。通过爱国主义教育，使大学生认识我国的国情和民情，更加清醒地认识到在我国经济、政治、文化建设迎接新的历史机遇的同时，也面临着激烈而复杂的国际竞争的挑战，面临着西方发达资本主义国家利用意识形态的渗透作用企图颠覆社会主义制度、推行和平演变战略的考验。作为新时代的大学生，要有"先天下之忧而忧"的忧患意识，立志成才，成为德才兼备，全面发展的人才，报效祖国。

（3）建设功能是指德育文化在校园文化建设方面的隐性功能。校园文化对大学生的成才具有不可忽视的重要作用。作为肩负时代赋予的历史使命和责任的新时代大学生，不仅要有扎实的现代科学文化知识，还要有坚定的正确的政治方向、理想信念和高尚的道德情操。相对于知识传授的显性功能，高校的校园文化在人才培养方面具有潜移默化的隐性功能，校园文化体现的是一个学校的文化优势、文化心理和文化行为形成的崇高的道德文化氛围，进而形成符合道德规范的价值观念、心理倾向、行为方式、治学精神、道德节操等具有正确感召力的隐性文化。全面提高大学生的思想道德素质与加强高校的校园文化建设密切相关。

（4）辐射功能是指高校德育文化对社会文化的辐射作用。以内容丰富、形式多样的校园文化为中介，广泛地辐射并融合于社会文化，成为社会文化的有机组成部分并对社会文化产生影响，从而发挥校园文化在价值观念、心理倾向、治学精神、道德节操、奉献精神、合作意识等方面的优势，对社会主义精神文明建设起引导示范作用。

二、德育的个体性功能凸显立德树人的教育根本

高校德育的个体性功能是指对大学生个体的教育、引导和关爱，使高校德育真正成为促进大学生全面发展的教育。人们受道德的约束和限制，是为了更好地生活。对个体进行道德教育的目的是揭示人类更加美好的生活愿景，使其做新生活的引领者和创造者，从而促进个体的成长和发展。因此，高校德育的

个体性功能包括生存功能、发展功能和享用功能。

1. 德育的个体生存功能是指高校德育具有提升大学生生活质量的作用。高校德育的基本目标是教育和引导大学生树立科学的世界观、人生观和价值观，使其具有良好的思想品德与行为规范，这是大学生在社会生活中生存的最基本的要求。随着经济社会的发展和人类文明的进步，人们在追求物质财富的同时，更加注重提高精神生活的质量，而道德作为一种实践精神，它的本体意义越来越成为人们追求的目标，这种对精神生活的追求远比人们对物质生活的追求更迫切。马斯洛的需求理论认为，满足需要是人的本能，是人的本质的一部分。在现实生活中，人们不仅需要满足维持生存所需的低层次需要，还需要满足更高层次的需要。如对工作意义、价值的需要，对社会责任、义务的需要，对公平、正义的需要，对幸福、快乐的需要等。高校通过德育正确引导大学生不断把对道德的追求作为自己人生的目标，尊重生活、创造生活、更好地生活。

2. 德育的个体发展功能是指德育能够促进大学生品德结构的发展。大学生的品德结构包括内容、形式和能力三种结构。品德内容主要包括道德原则、道德行为规范和道德价值观等，高校通过德育把道德原则、道德行为规范和道德价值观等转化为大学生个体品德，促进大学生个体的社会化发展。品德形式包括道德认知、道德情感和道德理想等，其实质是个体对道德的认知和态度，因此，高校德育不能简单地停留在道德认知层面，而应深入教育和引导大学生对道德认知、道德情感和道德理想的态度，发挥高校德育的价值引导功能。品德能力由认识能力、决策能力和控制能力构成。"高校校园道德生活丰富多彩，高校德育要深入挖掘和利用这些教育资源，引导大学生在处理实际道德问题中获取真实体验，提高品德控制能力和决策能力"。

3. 德育的个体享用功能是让大学生在道德学习和生活中阅读并体验道德人生的幸福与崇高和人格的尊严和优越，因而具有审美的性质；大学生践行道德，也可看成是人生道德的创造。个体享用性的发挥要求高校德育建立一种审美和立美教育模式。高校德育的实用功能并不是每个大学生在德育的任何阶段都有这种体验的，它是德育功能的最高境界。

三、德育的教育性功能协同德智体美劳的全面培养

"德育的教育性功能有两大含义：一是德育的'教育'或价值属性；二是指德育作为教育子系统对平行系统的作用。"德育的教育价值既是育德功能，也是德育的本质功能。高校德育的本质就是实现对大学生的德育教育作用和教育价值。作为教育子系统，德育发挥着平衡教育系统的作用，即对平行系统的智育、体育和美育有促进作用，其作用包含动机作用、方向作用及习惯和方法上的支持等三个方面。

平衡系统功能是育德功能的具体体现和最终落实，高校德育通过一系列科学合理的思想政治课程，理论与实践相结合，全面提升大学生的政治素质和道德修养，使他们在智育上能够端正学习态度，明确学习目的，提高学习积极性和主动性，养成良好的学习习惯，以勤奋刻苦、坚韧不拔的精神和百折不挠的意志力奋发进取等；在体育上能够积极参加体育活动，主动学习体育运动知识和技能，培养自觉锻炼身体习惯、增强体质的意识等；在美育上则是引导大学生追求真善美，促进健康审美观和情趣观的形成等，帮助大学生认识现实，认识历史，并发展他们的观察能力、想象能力、形象思维和创造能力，丰富他们的生活。德育主要作用于意识层面或认识范畴，间接地作用于智育、体育和美育，明确了高校人才的目标，即培养什么样的人，培养德智体美劳全面发展的社会主义建设者和接班人。

坚持知识传授与思想品德教育相统一，保证高校德育的社会效用、个体育馆及在高等教育系统内协同促进这三个方面的重要功能的实现，满足国际国内对高校人才培养的要求，符合经济社会发展的需要，是推进新时代高等教育改革发展的有效途径之一，能够解决好培养什么样的人这一根本问题。

第三节 科学研究与教学活动相互融合

《关于高等学校加快"双一流"建设的指导意见》明确提出，拔尖创新人才培养的目标是造就具有历史使命感和社会责任心，富有创新精神和实践能力的各类创新型、应用型、复合型优秀人才。培养高素质的拔尖创新人才必须加强基础学科的人才培养力度，跨学科复合，文理工兼容，实现课程综合化和教学的多元化、差异化。尽管近年来我国高校人才培养不断强调校企合作、产教融合、创新创业等模式，但更重要的是要注重高校自身的高水平的学科专业建设，形成科学研究与教学活动相融合的教研一体的人才培养模式，促进高等教育现代化发展。

一、科教融合理念的诞生与发展

（一）科教融合的本质

科教融合的本质就是学者在"科研——教学——学习"的"连续体"中进行知识的发现和传授；科教融合的合理性在于最接近科学探究的真实经历，使师生通过形成学术共同体的方式实现显性知识与隐性知识的交替，使参与其中的教师和学生兼具知识的生产者和传播者的双重角色，从而形成基于学术探究的学术身份认同和价值共识。

（二）科教融合理念的诞生与发展

1810年，洪堡和费希特在德国创办了科学研究与教学相结合的柏林洪堡大学，开创了现代大学科教融合教育理念的先河。洪堡认为，高等学术机构的特点在于它总是把学术视为尚未解答的问题，因而始终处于探索之中。在高等教育机构中，教师不仅是为学生而设，教学和科研都是为学术而探求真理，并在合作的过程中激发创造性。人才培养不再局限于培养精英主义色彩的神职人员和政府官员，而是在人文主义的关怀下致力于沟通个人修养和学术，培养有知识和全面发展的人，有独立人格和自由精神的人。约翰-霍普金斯大学的首任校长吉尔曼（Daniel Gilman）曾提出，大学应该是一些机构的组合，这些机构的作用就是传授知识、训练学者，同时创新知识，教学与研究应相互促进、相辅相成，现代大学必须追求二者共赢。吉尔曼认为，大学的人才培养目标是培养具有良好品格的人才，是为社会造就一批可以投身各行各业、兼具明智、思想和引领示范作用的人才。然而，由于现代研究型大学越发强调科研和纯粹的科学学术，导致对教学的投入和关注有所下降，科研与教学之间的矛盾也越发凸显。美国当代著名教育家，曾担任美国纽约州立大学校长的博耶（Ernest Boyer）认为，学术是相互关联的统一体，探究、整合、应用、教学是完整学术活动的四个环节。教学学术作为一种学术活动也具有发现知识、整合知识、应用知识的特征，但主要作用于教学实践，具有学科专业与教育实践的双重属性。博耶对教学学术的定义打破了科研与教学二元对立的传统观念，提升了人们对于科教融合本质的认识，是对科教融合理念合理性的时代超越。

二、科教融合的结构类型

20 世纪 90 年代以来，科教融合在大学内部的组织形式按学术研究与教学融合的程度不同，可以划分为四类：强联结——包含不同的专门性研究群体以及广义的共同教学群体的机构；相关联结——院系与大学内部的研究所群体构成的教学和研究互动的组织结构；独立联结——院系和大学外部研究的群体所构成彼此独立运行的组织结构；弱联结——有限的研究活动，对高级的探究和启发的教学提供有限支持的组织。

其中，强联结和弱联结分别对应极端的研究型和教学型的学系组织。相关联结主要针对英美高等教育体系中的"立式"大学结构。其学系和研究生院（研究中心）的设置将本科生与研究生培养分为彼此衔接的两个阶段：本科教育的目的是培养通才，主要是自由教育，培养学生理性和思辨的能力；研究生教育则以教学融合的科研为中心，将探究的态度更广泛地融入专业。独立联结主要是欧洲大陆高等教育体系，以德国和法国的高等教育"卧式"的组织结构为代表。其大学教育的第一阶段包括本科和硕士的训练，后续的人才培养由大学组织外部的独立科研院所完成，学者、专职研究人员和学生必须跨越彼此的组织边界形成科研与教学的联结。因此，以英美为代表的盎格鲁 - 撒克逊体系强调在大学内部通过纵向的人才培养形成教学融合的组织架构，而以德法为代表的欧洲大陆体系重视在大学与研究机构间架设横向的人才培养部门，形成科研融合的组织框架。

科教融合应该以教学学术为依托，一方面注重提高教师教学能力，如课程设置与开发、教学内容与方法设计与资源整合能力等；另一方面，大学自身要建立相关制度改进、内部激励的保障机制，形成有利的科教融合教学环境，从而促进教学能力的发展与评价。科教融合的传统形式通常有：教学科研实验室（Teaching Research Laboratory）、教学科研研讨班（Teaching Research Seminar）和论文研究（Dissertation Research）。当前，科教融合更加注重学生的研究性学习，在教学中以探究为核心内容。

三、科教融合的机制保障

1. 传承科教融合，强调科研育人。强调以科教融合的精神作为高等教育改革的指导原则，坚持科研育人、协同创新的人才培养理念，充分发挥科学研究的育人功能。科教融合将知识的产生、传播、传承与探究有机统一起来，是高水平大学的特征体现。无论从大学的功能性，还是从高水平大学的发展历程来看，科教融合都是高等教育本质得到充分体现的内在逻辑要求，教学活动与科学研究之间形式多样、内容丰富的内在融合，已经使两者在本质上成为不可分割的有机统一体。

2. 高起点设计人才培养方案，强化组织保障。高校人才培养模式的创新既要考虑科教融合的制度文化，也要兼顾经济社会发展对人才培养的多元化、差异化和个性化的需求。因此，高校需要创设有利的科教融合的制度环境，在组织层面统筹规划教育改革的领导、实施以及资源配置，形成科教融合利益相关者参与的协商机制。

3. 深化教学改革，推动教学学术的发展创新。依托科研优势，将科研的新思维、新方法、新手段、新技术和新材料等运用于教学，贯穿于人才培养过程。深化课程与教学改革需要创设技术环境，形成可参照、可复制的技术标准，并基于学生的学习体验和反馈，在尊重个性差异的过程中追求教学创新和优越。通过开展以促进教学学术为内涵的学术活动，以奖励教学创新、提供教学辅助、开展教学研讨、跟踪教学评估，实现人才培养的动态监测，有效改善学习的体验，确保人才培养的质量。

高校的人才培养要基于自身特色和学科优势，打破既有的学科专业教学与科研的壁垒，构建新的"科研——教学——学习"的"连续体"。学校应该高度重视师生关系对人才培养质量的作用，积极提倡教师关爱学生，围绕学生，以学识魅力教育和引导学生，以人格魅力感染学生，做学生成长成才的指导者和引路人。持续的师生交流活动和学术论坛势必营造浓郁的学术氛围，让学生自主走进教师的科研世界。

第四节　产学合作，协同育人

新时代，建设教育强国是中华民族伟大复兴的基础工程，而对我国地方高校而言，需要加大"职业教育和培训体系，深化产教融合、校企合作。加快一流大学和一流学科建设，实现高等教育内涵式发展"。为促进区域经济发展，地方高校应从追求规模扩张向质量提升转变，从自我发展向与社会融合发展转变，与区域经济协同发展。地方高校的人才培养必须紧随国家的结构调整，适应政府、社会以及市场需求，紧密结合地方的经济社会发展趋势，重点培养具有高度社会责任感、创新能力和实践经验的应用型高级专门人才，尤其要培养具有创新创业能力的拔尖人才。

转型升级和新兴产业的发展需要高层次应用技术专门人才，运用更先进的技术手段促进产教深度融合，是实现应用型大学转型的战略机遇。《关于深化产教融合的若干意见》明确了深化产教融合的主要目标是逐步提高企业参与办学的程度，全面推行校企协同育人，教育和产业统筹融合，人才教育供给与产业需求重大结构性矛盾基本解决，教育对经济发展和产业升级的贡献显著增强。从"校企合作"到"校企协同"是地方高校为谋求自身发展、提升人才培养质量，采取与企业联合办学模式，为企业培养人才，强调人才的专门性、实用性与实效性。对于产业发展与高等教育的融合，产教融合绝不仅仅是简单的合作，它是要求企业主动地参与到教育中来，由学校单方面的主动变为校企双方的共同主动，寻求深度合作。

深化产学合作，协同育人，有效地突破学科边界，打破专业壁垒，实现资源共享，实现校企合作质的飞跃。应用型大学在服务区域经济发展，服务传统行业的升级转型，提供高质量的人力资源支撑，需要有更大的格局，更高的战略选择，可以说，产学协同育人是高校人才培养的时代选择。

一、树立科学的办学理念和人才培养目标

办学理念是学校的核心所在，是学校发展的方向和根本，学校的所有工作都要围绕办学理念来进行规划和运作，包括院系建设、学科专业设置、教学内容手段、校园文化建设、学校管理等方方面面。从我国地方高校的发展历程来看，

至今为止，办学理念科学合理的地方高校，都发展得非常好，办学规模日益扩大，办学质量日益提高，得到了社会的广泛认可；而没有科学的办学理念的地方高校，发展缓慢，甚至停滞不前，如不改革创新，一定被时代所淘汰。因此，高校要把握新时代的发展特征，研究新时代经济新常态背景下高校人才培养的新思路，找准目标、科学定位，才能为国家和社会培养更多的高素质应用型人才。《关于深化产教融合的若干意见》指出，健全高等教育学术人才和应用人才分类培养体系，提高应用型人才培养比重。①地方高校应致力于建设和完善高素质工程应用型人才培养体系，提升应用型人才培养的水平和质量，深化产学协同，注重学生的实践能力培养，为学生提供多样化的成长路径，提高学生的就业能力和竞争能力。

二、完善高标准应用型人才培养体系

面对新时代建设的重大需求，地方高校与企业协同发展，共同育人，深化"产教融合，协同育人"的人才培养模式，要不断完善高标准的应用型人才培养体系，将培养学生的创新能力和实践应用能力贯穿于教育教学的全过程。专业设置更应符合新时代"五位一体"总体布局的需要，培养能够适应"五位一体"总体布局的高标准的专业技术人才，从经济建设、政治建设、文化建设、社会建设和生态文明建设五个方面继续推动中国特色社会主义发展。因此，地方高校在进行专业设置和课程体系改革时，要深刻研究国家的大政方针，根据社会和市场的发展需求，强调差异化，凸显自身的办学特色，注重人才的应用型、实践性和实效性。加强思想政治教育和人文主义教育，全面提升学生的素质；提升理论性课程体系的综合化特点，将理论教学与实践活动相结合，加强文理渗透、交叉学科或跨学科的技能学习，重点培养学生的实际应用能力和实践能力，培养符合时代发展需要的、素质全面的应用型人才。

另外，学校在不断完善产学合作的开放式教育模式过程中，部门联动、产教深度融合"的人才培养体系制度化，将日常管理、服务保障和学生安置等贯穿于教学全过程，并持续优化产教融合的质量评价体系，使其日趋科学化、常态化和专业化。探索符合世情、国情、民情的国际化的、产教融合的人才培养创新模式。

三、深化产教融合，注重学生实践能力培养

深化产教融合是推进应用型人才培养的重要途径，而要深化产教融合，需要学校、企业和教师三方共同参与学生实践能力的培养。首先，学校要积极主动地与当地有实力或发展潜力的行业企业联系，并建立长期稳定的合作关系。在协同培养学生实践能力的过程中，要将至少1/4的时间分配到企业实践，并计入总学时，重点提高学生的动手操作能力，使他们将课堂上学习的理论知识与实践活动相结合，提升实际工作能力，以便更早、更好地适应社会的需求，增强求职的信心，尽早确立求职方向和规划职业生涯。其次，企业可以将学校作为理论培训基地，将企业人才送至高校进行理论学习，同时，将学生在企业实践活动中存在的问题及时反馈给企业未来的发展储备更多更好的人力资源。最后，教师要与学生一起全程参与校企合作，发挥好知识引导作用，在学生实践操作过程中，注重将理论知识应用于实践中，以解决实际问题；并对学生在企业的实践经验进行梳理和总结，分析知识盲点，在以后的教学中丰富知识内容；总结学生实践活动的不足，将知识进行丰富后再传授，形成一个学习——实践——再学习——再实践的良性的应用型人才培养循环系统。

通过产教融合将校企合作升级为"协同创新"是新时代对地方高校人才培养提出的新要求。《关于深化产教融合的若干意见》指出，支持引导企业深度参与职业学校、高等学校教育教学改革，促进企业需求融入人才培养环节。地方高校应该充分调动企业参与产教融合的积极性和主动性，强化政策引导，鼓励供需对接和流程再造，构建校企合作长效机制，实现产学合作教育的常态化运作。

校企双方互利共赢的局面将使双方的合作更加持久和紧密，使学生定岗实践与企业人力资源配置获得双赢。学校与大型企业集团联合创建专业学院，使专业设置、人才规格、课程安排、实践环节等方面都能满足企业需要，学生对企业生产第一线的认知能力、实践能力和社会适应能力不断增强。毕业生就业竞争力不断提升，对学校与企业协同育人产生的效果不断显现。

四、推动大学生创新、创意、创业教育与实践

新时代，经济社会发展需要的人才必须具有创新创业精神，必须能够积极主动地适应岗位要求。因此，高校要培养具有创新精神的人才，必须创新教学模式，采取更加灵活的教学方法手段，充分调动学生的积极性，发挥学生的主体性作用，激发学生的学习兴趣，让学生成为课堂的主人。第一，通过现代化的教学设备，如网络、多媒体等先进技术，丰富课堂教学，使理论知识通过字、声、图、影等多种形式展现，提高学生学习兴趣。第二，采用多元化的教学方式，如情景式、案例式、讨论式等教学方式，以学生自主思考问题、分析问题和解决问题为主，以教师指导为辅，改变了传统的"老师教，学生听"的知识传授方式，提高学生学习的主动性。第三，教学内容要注重实践性，通过构建校企合作平台、实训基地以及知识竞赛等形式，激发学生的学习动力。第四，面向全体学生开设依次递进的创新、创意、创业教育课程群。如果有条件，可以创建"创业园特区"，建立科研反哺教学的新型人才培养机制，通过多渠道设立创业基金、多形式引进校外导师，探索"校内学、校外练、园中创"模式，支持在校学生和一定年限内的毕业生在"创业园特区"内创新创业。

五、加快"双师型"教师队伍建设

应用型人才的培养需要应用能力、实践能力强的教师，为了提升教师的教学能力，学校可以与企业有效结合，通过挂职锻炼、跟班式培训、参加学习等

不同形式鼓励教师到企业兼职，并采取一定的物质激励教师参与；同时，从提高工资待遇、优化任职条件等多方面入手，招聘一批经验丰富的"双师型"人才，实现应用型人才培养目标。

新时代要有新气象、新作为，地方高校始终肩负着为国家和社会，尤其是为区域经济发展培养应用型人才的重任，在实现应用型大学转型过程中，不断加强办学理念、人才培养目标、学科专业设置、课程改革、师资队伍等方面的建设，提高应用型人才培养质量和水平，实现内涵式发展。

第五节 "走出去、请进来"——构建国际化人才培养体系

360百科对国际化人才的定义是："国际化人才是指具有国际化意识和胸怀以及国际一流的知识结构，视野和能力达到国际化水准，在全球化竞争中善于把握机遇和争取主动的高层次人才。国际化人才应该具备以下7种素质：宽广的国际化视野和强烈的创新意识；熟悉掌握本专业的国际化知识；熟悉掌握国际惯例；较强的跨文化沟通能力；独立的国际活动能力；较强的运用和处理信息的能力；且必须具备较高的政治思想素质和健康的心理素质，能经受多元文化的冲击，在做国际人的同时不至于丧失中华民族的人格和国格"。

高等教育国际化是指世界各国高校之间进行的跨国界、跨民族、跨文化的交流、合作与发展的过程，是经济全球化影响下的高等教育发展的全球性趋势。根据经济全球化的不断推进和中国特色社会主义发展的需要，借鉴西方发达国家的先进教育理念，构建国际化人才培养体系可以从以下几个方面着手。

一、更新观念，培养具有国际理念的复合型人才

1.坚持以人为本，全面推行素质教育。高校是国际化人才培养的主要阵地，

高校在人才培养的过程中必须全面推行素质教育，牢固树立"以人为本，德育为先"的教育理念，改变传统人才培养观念中的人才观和质量观，培养适合社会发展需要的应用型人才、复合型创新人才和德智体美劳全面发展的人才。把理想信念教育落到实处，加大思想政治教育，逐渐由应试教育向素质教育转变，由接受式教育向启发式教育转变，由专才教育向通才教育转变。

2. 坚持创新，培养具有国际竞争意识的人才。世界局势千变万化，各国都在国际竞争中探索适合本国的发展道路，中国经济的发展势态良好，是世界经济的引领者，随着世界格局的改变，中国经济的地位越来越受到重视。这就要求高校的人才培养要树立创新创业的教育理念，培养大学生的国际竞争意识，以创新精神和创新能力教育为核心开展教学和科研活动。构建跨学科人才培养体系、创新人才培养体系，课程设置综合化，采用现代化的、灵活的教学手段，培养具有高度灵活性、视野开阔、实践能力强、敢于面对挑战、勇于打破常规、能够创造性地开展工作的创新人才。

3. 更新观念，培养具有国际理念的复合型人才。随着教育资源国际化的日益深入，中国的国际化需要国际化的中国人，因此，高校的人才培养应更新教育观念，培养具有国际理念的复合型人才。应打破传统的育人理念，树立以下观念。

（1）要具有宏观的全球性观念。以全球性的发展眼光审视人才培养的标准，确定人才培养目标、内容、方法和保障机制，使培养的人才能够适应国际化发展趋势。

（2）要有人才流动性观念。经济全球化促进了人才的流动，人才的国际化和文化的多元化使得人才的流动更加频繁，这就要求高校在国际化人才培养方面把握好"走出去、请进来"的方针，加强国际人才培养模式的交流与学习，促进人才的流动，并大力加强爱国主义教育，增强大学生的民族认同感，防止在国际人才流动中造成人才的流失。

（3）要有市场观念。高校的人才培养与经济环境的发展是不可分割的，人才培养离不开市场，要依据市场的发展需要培养"适销对路"的人才，促进经济环境与人才培养的协同发展。随着经济全球化的日益加速，国际经济形势变化多端，中国日益走向世界舞台中央，我国高校的人才培养体系要具有国际化理念，培养国际化竞争中短期和长期需求的人才。

（4）要有全球性竞争观念。要加强与世界名校的交流与合作，拓宽教育思路，开阔教育视野，站在世界的高度从宏观把握国际化人才培养模式，培养出能够适应国际化发展需要，具有较强国际竞争力的高素质复合型创新人才。

二、推进课程设置综合化与国际化

1. 加强课程设置综合化。课程设置综合化的教学目的是提高学生的就业竞争力和服务社会的能力，构建和完善跨学科人才培养体系，培养拔尖创新人才。课程综合化主要是从不同学科专业出发，以多种角度、多种观点展示现代社会发展和需要的基本知识，采取灵活多样的教学方法手段开设主题课程、系列讲座、科研项目等，增加学生知识的深度和广度。高校可根据经济社会发展和学科自身的发展需要，借鉴国外优秀大学的课程设置的先进经验，对课程设置进行差异化和个性化的调整，如普遍设置人文与自然科学、人文与社会科学等综合性课程，文学艺术、体育文化等个性化课程。

2. 推进课程设置国际化。高校要培养国际化人才，就必须坚持国际化办学理念，设置国际化课程，采用先进的教学方式方法，同时，加强国际交流，培养具有国际视野和国际竞争力的人才。

（1）设置有关外国研究的国际性课程，如专门介绍外国的经济、政治、历史、地理、文化、风俗等的课程，使学生全面了解国际社会的政治、经济、文化等的发展状况。

（2）设置国际化专业，根据经济发展需要和国际市场需求设置一些跨行业的、适应国际化需求的专业，在传统的专业课程基础上增加国外知识学习或国际观点课程设置，加大国际知识、比较文化和跨文化的比重，同时把国际最前沿的科学技术信息和成果补充到教学内容中。

（3）增加部分国外大学的课程。高校培养国际化人才要坚持文、理、工相互渗透、专业教育与通识教育相互融合的原则，加强基础课程、通识课程建设及专业课程的整体优化，开展跨院系合作，开设新型跨学科综合课程，构建交叉学科复合式教学体系。同时增设国际性内容课程，如有关国际主题、国际政治与经济、国际文化、国际贸易、国际法律等课程，使课程设置更加国际化，为学生了解世界、适应国际形势发展创造良好条件，提升学生参与国际交往、国际竞争的能力。

（4）加强国际的交流与合作。建立或加强与世界优秀大学之间的联合办学，积极引进国外先进的教学理念和教学设备，聘请国际化的师资力量；根据我国的国情、社情和校情，批判地借鉴和吸收国外先进的教学管理模式和教学经验；加大与国外高校间的学术交流、访问力度和互派留学生及交换培养教师的力度；密切与国内外远程教育的合作等。

三、打造国际化师资，提高学科国际竞争力

国际化人才的培养与师资培训的国际化密切相关，要想培养出一流的国际化人才必须打造高素质的国际化师资队伍。教师队伍国际化是保证高校人才培养国际化的最基本条件，是实现高等教育国际化的必由之路。这就要求高校要强化师资培训，使教师具有国际前沿的理论知识和科研创新成果，并能紧跟时代发展和科技进步的趋势，具有国际知识经验和世界前沿科技创新成果的教师能够直接推动高校教学、科研朝着国际化的方向发展。因此，打造国际化师资，提高学科国际竞争力，是高校培养国际化人才的有效途径。

首先，培养本土化师资队伍。高校可以通过有计划地选派教师到国外进修、

访问、讲学等机会，增加教师出国访问进修的数量，使教师学习和吸取国际前沿新知识，了解和接触当代最新学术动态，学习先进的教学管理经验，掌握最新实验设备操作技能，强化教育教学的国际化理念，从而获取国际经验，使之具备国际化的师资水平。

其次，利用多种渠道，如聘请国外学者做兼职教授，聘请长、短期外国专家或外教，与国外研究机构进行国际项目的合作研究，承办国际学术交流会等，引进国外智力，提高师资队伍国际化的整体水平。经济全球化的加剧促进了师资队伍在国际的交流，来自不同国家、具有不同文化底蕴、不同理论水平的教师聚集在一起从事科研和教学活动，容易引发不同文化的碰撞，既有利于知识的创新，又能提高高校的科研水平和办学质量，还能增加高校的知名度，加速与国际接轨。

培养国际化人才的核心目标是在经济全球化背景下，充分利用国际、国内教育市场，优化配置教育资源，培养出适应全球化发展、在国际上有竞争能力的高素质人才，为本国的最高利益服务。中国的高等教育培养国际化人才是以国家利益、民族益为基点，优化配置教育资源和教育要素。

一方面，加强教育的对外开放，"走出去、请进来"，加强国际高校间的交流、合作与发展，积极学习先进的国际教育理念，批判地吸收、借鉴国外先进的教育经验。充分利用世界各国的文明成果和丰富的教育资源，深化教育体制改革，强化科技创新；另一方面，要认清中国高等教育的历史使命、时代责任和人才培养目标，审时度势，根据中国的世情、国情和民情，立足中国特色社会主义特色和学校自身的办学特色，寻找适合自己的发展方向，紧跟时代步伐，紧跟经济社会发展需要。只有这样，才能使高校国际化人才培养体系日益完善，才能培养出符合国际化需要的人才，推动中国高等教育健康、快速发展，实现高等教育现代化、国际化。

参考文献

[1] 唐玉琴著. 高校专业教师与思想政治教育工作者协同育人机制研究 [M]. 北京：中国社会科学出版社，2019.06.

[2] 朱惠蓉，陶思亮主编. 跨界协同育人共同体 思与行的融合 [M]. 上海：上海交通大学出版社，2018.06.

[3] 王丽荣，李丹. 三位一体 协同育人 [M]. 镇江：江苏大学出版社，2018.11.

[4] 顾雁飞著. 新时期高校思政协同育人机制探究 [M]. 长春：吉林大学出版社，2022.05.

[5] 何宗元. 新时代思想政治教育协同育人原理与实践研究 [M]. 北京：企业管理出版社，2021.07.

[6] 史晓蓓，赵镇. 高校协同育人模式初探 [J]. 科学咨询，2022（20）：57-59.

[7] 丁义浩. 课程思政重在协同育人 [J]. 内蒙古教育，2021（10）：1.

[8] 周红萍著. 体育教育专业"四轮驱动协同育人"体系与路径研究 [M]. 长春：吉林大学出版社，2020.10.

[9] 齐敏著. 高校思想政治教育协同育人机制研究 [M]. 北京：新华出版社，2019.01.

[10] 金贵朝，林洁，盛大编. 高等教育跨境电子商务专业校行企协同育人系列教材 跨境电商视觉营销 [M]. 北京：电子工业出版社，2022.05.

[11] 马俊平著. 高校思想政治教育和创新创业教育协同育人研究 [M]. 北京：

中国水利水电出版社，2018.05.

[12] 梁裕著．职业教育集团多元协同育人的理论研究与实践探索 [M]. 桂林：广西师范大学出版社，2018.07.

[13] 韩香云著．高职院校校企协同育人机制研究 [M]. 苏州：苏州大学出版社，2016.11.

[14] 钱嫦萍等著．新时代研究生思想政治工作的协同优化 [M]. 上海：华东理工大学出版社，2021.04.

[15] 张可，孟佳，马罡著．协同育人视域下大学生创业教育研究 [M]. 北京：地质出版社，2018.03.

[16] 杨道建．新时代高校三全育人理论与实践 [M]. 江苏大学出版社有限责任公司，2021.05.

[17] 吴嘉敏，闵辉．"三全育人"的理论与实践 基于上海海洋大学的探索 [M]. 上海：上海三联文化传播有限公司，2020.12.

[18] 王佳丽．高校高等教育育人机制与价值研究 [M]. 长春：吉林出版社，2017.08.

[19] 戴倩，徐园媛，蒋臻主编．德心共育·协同创新 [M]. 成都：电子科技大学出版社，2020.06.

[20] 吴长锦著．思想政治教育协同创新研究 [M]. 北京：中央编译出版社，2019.01.

[21] 陈艾华著．协同创新视域下大学跨学科科研生产力 理论与实证 [M]. 杭州：浙江大学出版社，2018.06.